社会主义和谐文化研究

SHEHUIZHUYI HEXIE WENHUA YANJIU

杨宝忠 著

人民出版社

目　录

绪　　论

在经济全球化浪潮已成为世界历史的不争事实、中国社会发展进入了矛盾凸显期的当下,建设和谐文化、推动文化繁荣发展已成为目前亟待解决的主要课题之一。在党的十六届六中全会提出"建设和谐文化"的战略任务之后,党的十七届六中全会做出了深化体制改革、推动社会主义文化大发展大繁荣若干重大问题的决定。建设和谐文化、推动社会主义文化繁荣发展业已成为当代中国特色社会主义文化建设的主要内容之一。

一、问题的缘起

问题是时代的强烈回音,当代社会生活的现实境遇使加强社会主义和谐文化建设以推动社会主义文化的繁荣发展问题得以凸显。具体说来,本研究是在以下背景中提出的。

(一)问题提出的国内社会背景

胡锦涛在第八次全国文代会、第七次全国作代会中指出:"繁荣社会主义先进文化,建设和谐文化,为构建社会主义和谐社会做出贡献,是现阶段我国文化工作的主题。"①党的十七届六中全会进一步提出"建设和谐文化"、"社会主义文化大发展大繁荣"的重要战略任务,凸显了和谐文化建设研究的紧迫性和重要性。

和谐文化建设的提出,表征着当代中国共产党人对社会建设主题的深层破解。随着中国现代化进程的加速与社会结构的快速转型,当代中国正处于战略发展机遇期与社会矛盾凸显期并存的阶段,社会不和谐的信息时有传递。社会生活方式的多样化所导致的思想观念的多样化、文化价值的多元化,必然引发各种社会思潮、文化观念交融碰撞。在当代社会的时代背景下,如何以社会主义和谐文化引领社会思潮,消除不和谐因素,为和谐社会建设提供理论支撑并实现社会主义文化的繁荣发展,便构成了本研究的社会背景之一。

(二)问题提出的世界历史背景

正如马克思、恩格斯所说的那样,自近代以来,历史正日益"成为世界历史。"②在世界历史的境遇下,全球化浪潮作为不可阻挡的历史潮流已是不争的经验性事实。经济全球化带来了世界多元文化的激荡交融。在当今世界经济全球化、文化多样化、价值多元化的历史境遇下,一方面,各个国家与民族之间的文化交流日益加强;另一方面,东西方文明之间、不同意识形态之间的激荡碰撞日趋复杂。中华文化作为世界文明的重要组成部分,在全球文化交互激荡的历史

---

① 《胡锦涛同志在第八次全国文代会第七次全国作代会上的重要讲话》,《光明日报》2006年11月16日。
② 《马克思恩格斯文集》第1卷,人民出版社2009年版,第541页。

背景下,机遇与挑战并存。当代中国的社会主义文化建设不得不在对世界先进文化合理因素的汲取与保持中华文化自身的民族性、反对文化霸权主义与拒斥文化保守主义之间的张力中行进。于是,以何种文化理念化解不同文明之间的冲突、有效地抵制不同意识形态的渗透、吸纳世界文明的优质要素,在新的历史时代融会贯通人类一切优秀文化成果,实现社会主义文化的繁荣发展,便成为本研究的世界历史背景。

(三)问题提出的理论研究背景

当前,学术界对社会主义和谐文化建设进行了广泛而深刻的研究,已经取得了丰硕的学术成果。截至2013年8月初,在中国知网上显示的以"和谐文化"为篇名的文章多达541694篇,其中期刊有306683篇,博硕论文有102084篇,其余为会议、报纸等论文。系统研究和谐文化的著作、学习读本及相关的研究论著也有数十种,如:王伟光著《社会主义和谐社会理论基本问题》,邓伟志、胡申生著《和谐文化导论》,张小平、张建云主编《和谐文化的理论与实践》,黄志斌著《绿色和谐文化论》,施维达、胡正鹏著《和谐文化建设论》,程祥国、詹世友著《荣辱观与和谐文化研究》,何君陆、吉雯著《中华传统文化与和谐社会的构建》,鄢本凤著《社会主义和谐文化建设研究》,张立文著《中国和合文化导论》、《和合学》,朱贻庭主编《儒家文化与和谐社会》,杨倩著《和谐文化的溯源与探析》,等等。

当前的学术研究也是多维度的研究,可以广泛地覆盖经济学、政治学、哲学、社会学、历史学、生态学、法学等众多领域,但对于和谐文化建设的基本理论研究还有待从更深层面上去发掘。理论的深入阐发是社会实践的先导,只有深入系统地对社会主义和谐文化建设的基本理论问题进行研究,才能有效推动社会主义文化发展繁荣,也才能为构建和谐社会提供理论支持。因此,研究社会主义和谐文化建设基本理论问题在当前的文化研究工作中的地位至关重要。这便成为本研究的学术理论背景。

二、当前国内外研究现状

从理论研究规范的维度看,在选题确定之后,对研究对象与研究内容进行学术上的考察,便成了研究工作的首要任务。对研究对象与研究内容的理性考察,能够使研究者明确国内外的研究所达到的程度,以便研究者对选题的相关研究有个充分的把握,同时也能对研究者本身的学术研究有个客观的考量。

从总体上看,关于和谐文化建设的研究,目前国内学界对此进行了广泛而深刻的研究,涌现了如前所述的大量成果;国外理论界尚缺乏直接的具体阐述。

(一)国内研究现状

党的十六届六中全会明确提出的"建设社会主义和谐文化"的重要任务,展现了当代中国共产党人对中国社会主义文化建设事业的新的理论自觉。以此为契机,我国学界围绕和谐文化建设问题展开了广泛而深入的研究与探讨,呈现了一个和谐文化建设研究的热潮。

国内学界对和谐文化展开的研讨与论证,概而论之,可归纳为"为什么、是什么和应如何"三个维度及其研究成果。

关于"为什么"的研究,主要是从和谐文化对和谐社会、和谐世界支撑作用的角度展开研究,是对和谐文化建设的必要性和重要性的阐述。

邓伟志、胡申生从和谐文化为和谐社会提供精神支撑的角度展开了论证,他们认为:"和谐文化为构建和谐社会打下坚实的思想基础","和谐文化有利于形成全国上下积极向上的精神状态,进一步树立起正确的世界观、人生观、价值观",同时,"和谐文化为构建和谐社会提供良好的人文环境"。①

张小平等则从和谐文化建设对社会主义市场经济的保障作用方面进行了阐释,他们指出:"和谐文化倡导价值观建设、道德建设、诚信建设,倡导个人自我修养、提升人的精神境界,这对克服人对物的依赖关系的负面影响、保障社会主义市场经济的健康发展具有重大的指导意义。"②鄢本凤认为:"和谐文化对发展市场经济有着广泛而深刻的作用:环境制约、文化先导、动力支持、渗透参与作用等。"③

刘云山从精神境界等层面阐述了和谐文化提出的合理性问题。他指出:"通过和谐文化的熏陶和哺育,必将提高人的境界、情趣、品位,培育乐观、豁达、宽容的精神,促进人的素质提高、精神解放和全面发展;必将有效调节人们的情感和心理,塑造自尊自信、理性平和、积极向上的社会心态,以开阔的心胸和积极的心境看待一切,用理性合法的方式表达利益诉求。"④此外,学者们还对和谐文化对于激发

---

①　邓伟志、胡申生:《和谐文化导论》,上海大学出版社2007年版,第25—30页。

②　张小平、张建云:《和谐文化建设的理论与实践》,人民出版社2007年版,第155页。

③　鄢本凤:《社会主义和谐文化建设研究》,人民出版社2010年版,第153页。

④　刘云山:《建设和谐文化　巩固社会和谐的思想道德基础》,《人民日报》2006年10月24日,第2版。

全社会的创造活力、化解矛盾、凝聚人心、实现科学发展等方面的作用进行了较为深入的探讨。

与此同时,学界还从时代背景的角度探讨了和谐文化提出的必要性与重要性问题。就此问题,国内学界观点比较一致。可以从中国与世界两个维度概括当前学界对社会主义和谐文化战略提出的时代特征的阐明。

首先,从当代中国的维度来看,整个社会处于深刻的历史转型期。随着社会利益的调整与社会结构的深刻变化,当代中国正处于战略发展的机遇期与社会矛盾的凸显期,社会不和谐的因素也日益增多。社会生活方式日益多样化,也必然导致人民大众价值观念的多元、文化的多样;同时,社会成员的生活状态、发展条件和思想道德水平的差异性,使当前的文化呈现出层次性;近代以来中国社会发展的历程内在地决定着在我国文化领域中原本应以历时态形式呈现的传统文化、现代文化、后现代文化,却以共时态的形式在当代中国的空间中展现出来,有"传统文化与现代文化的矛盾、中国文化与西方文化的激荡,主流文化、精英文化和大众文化的摩擦"①。和谐文化正是基于构建和谐社会的实践需要而提出的。和谐文化不仅为和谐社会建设提供了价值理念、思想动力和崭新的思维方式,为实现科学发展、社会和谐提供理论支撑;而且能够在多元的文化背景下引领社会思潮,形成社会的凝聚力和创造力。

其次,从世界的维度来看,学界的观点可以概括为经济的全球化所导致的世界文化多样化的矛盾和冲突。沈壮海教授认为:"国际

---

① 韩庆祥:《社会层级结构理论与中国和谐文化建设》,《科学社会主义》2007 年第 3 期。

间文化国力竞争的日趋激烈与复杂,便是我们当下的社会主义和谐文化建设所处的时代方位。这种发展方位,向社会主义和谐文化建设提出了一系列崭新的时代课题。"①张小平、张建云认为,和谐文化是在"中华文化如何应对经济全球化趋势,在世界多元文化的交融中保持自己的个性,并不断创新,以赶上世界文明发展的步伐"的国际大背景中提出的。②

关于"是什么"的研究,主要集中于和谐文化科学内涵的阐释上,是对和谐文化的意蕴、本质、特征和结构等的揭示。和谐文化是一个内涵丰富的崭新概念,学界从思想内核、内容层次与基本特征等方面对其进行了阐发,深化了对和谐文化的理解和认知。其一,从思想内核、价值取向的维度阐明和谐文化的科学内涵。如,李忠杰等认为:"和谐文化是指一种以和谐为思想内核和价值取向,以倡导、研究、阐释、传播、实施、奉行和谐理念为主要内容的文化形态、文化现象和文化性状。"③其二,从和谐文化的内容解释和谐文化的科学内涵。多数学者认为,和谐文化是以和谐为价值取向,崇尚和谐理念,以和谐的思维认识事物,用和谐的态度对待问题,以和谐的方式处理矛盾。也有学者认为,社会主义和谐文化是与社会主义和谐社会相适应的思想文化体系,是关于人自身和谐、人与社会关系和谐、人与自然关系和谐、人际关系和谐、中国与世界和谐的思想观念、价值体系、行为规范、文化产品、社会风尚、制度体制等。④ 其三,从和谐文

① 沈壮海:《社会主义和谐文化建设的若干思考》,《马克思主义研究》2007 年第 8 期。
② 张小平、张建云:《和谐文化建设的理论与实践》,人民出版社 2007 年版,第 60 页。
③ 李忠杰:《建设和谐文化的核心是倡导和谐的价值取向》,《和谐文化建设专家谈》,光明日报出版社 2006 年版。
④ 鄢本凤:《社会主义和谐文化建设研究》,人民出版社 2010 年版,第 6 页。

化的特征解释和谐文化。有的学者指出,和谐文化"是追求人与自然协调发展的文化","是实现个性发展与社会发展相统一的文化","是实现人与人之间平等的文化","是促进人的全面而自由发展的文化"。① 还有一些学者从和谐文化的民族性、先进性、开放性、时代性、人民性等特征方面阐释和谐文化的科学内涵。

也有学者从更广泛的意义上阐述和谐文化,认为和谐文化至少应包括多元统一、兼容共生、协调有序、充满活力和大众共享等五个方面的基本特征,等等。寇东亮则从多视角阐述了关于和谐文化的意蕴,从文化类型学意义上,和谐文化就是以和谐为核心理念与根本价值取向的文化,它反映了一种新的文化理念;在文化结构论意义上,和谐文化就是以社会各种文化元素、文化形式的协调互动和有机统一为根本特征的文化,它展示了一种新的文化自觉;在文化社会学意义上,和谐文化就是与市场经济、民主政治和人的全面发展相契合的文化,它呈现了一种新的文化愿景。

综合来看,社会主义和谐文化应是坚持"以人为本",以社会主义制度为基础,以先进文化为指导,立足现实、面向现代、放眼世界,与中华民族和谐传统相承接,与和谐社会要求相吻合的思想文化体系。②

关于"应如何"的研究,实质上是关于社会主义和谐文化建设的探讨,主要是关于和谐文化建设的内容、原则、机制等有关"实践路径"的探讨,应当处理的基本关系等的认知。

---

① 郭宇光:《论社会主义和谐文化的科学内涵和基本特征》,《高校理论战线》2007 年第 5 期。

② 鄢本风:《社会主义和谐文化建设研究》,人民出版社 2010 年版,第 6 页。

　　针对如何建设社会主义和谐文化的问题,学术界从和谐文化建设的基本原则、需要正确处理的关系、建设的基本途径等维度进行了论证。

　　其一,和谐文化建设应坚持的基本原则。有学者认为,和谐文化建设应坚持以下几个基本原则:一是坚持和谐文化建设的指导思想,即"坚持马克思主义在意识形态领域的指导地位,坚持用中国特色社会主义理论体系研究解决文化改革发展面临的诸多新问题";二是突出和谐文化建设的人民主体;三是尊重和谐文化建设的继承性和包容性;四是注重和谐文化建设的层次性和多样性;五是强调和谐文化建设的长期性和创新性。[①] 也有论者提出,建设社会主义和谐文化应坚持以下原则:一是必须坚持一元和多元相统一的原则;二是必须坚持继承和创新相统一的原则;三是必须坚持以人为本和人的全面发展相统一的原则;四是必须坚持消除文化贫困与实现文化公平相统一的原则。[②] 另有论者对和谐文化建设的社会主义原则、全面性原则、渐进性原则、科学性原则以及创新原则、统筹兼顾原则、立足社会生活实际原则等进行了阐发。

　　其二,社会主义和谐文化建设需要处理好的关系。有学者认为,建设社会主义和谐文化应处理好以下几对关系:一是"一"与"多"、"主旋律"与"多样化"的关系;二是文化事业和文化产业的关系;三是文化生产与文化消费的关系;四是科学精神与人文精神的关系;五是经济建设中心与促进社会全面进步的关系;六是坚持依法治国和

① 贾明建:《关于当代和谐文化建设的若干思考》,《中共中央党校学报》2012 年第 6 期。
② 田秋月:《论建设和谐文化的基本原则》,《云南民族大学学报》2008 年第 4 期。

贯彻以德治国的关系。① 也有论者指出,社会主义和谐文化建设应处理好主导文化与大众文化的关系、传统文化与当代文化的关系、民族文化与外来文化的关系等三对关系。② 此外,学界还论述了消除文化贫困与实现文化公平的关系、倡导文化自觉与建立文化认同的关系、反对文化扩张与维护文化安全的关系、文化冲突与文化融合的关系等。

其三,社会主义和谐文化建设的基本路径。除了上述和谐文化建设应坚持的基本原则和必须处理好的一些关系外,一些论者讨论了一些实现文化和谐的具体路径和措施。

有论者从社会系统论的视角提出社会主义和谐文化建设的路径:"一是紧密结合现实国情和时代特征,整合中外文化中的和谐资源,构建当代形态的马克思主义和谐哲学,这是和谐文化建设的基础工程;二是认真贯彻落实科学发展观,积极推进和谐发展战略,形成和谐发展的社会环境,这是和谐文化建设的综合工程;三是大力推进社会主义核心价值体系建设,弘扬主旋律,为和谐文化建设筑牢思想道德基础,这是和谐文化建设的核心工程;四是将理论研究与实践创建结合起来,充分发挥舆论宣传在建设和谐文化中的作用,广泛开展各种形式的群众性文化活动,在实践中共建共享和谐文化,这是和谐文化建设的载体工程。"③

学界提出的具体措施可归纳如下:一是注重教化,坚持社会主义核心价值体系教育;二是规范行为,培育文明道德风尚;三是广泛开

---

① 刘先春、叶茂泉:《建设和谐文化要处理好六个关系》,《理论探索》2007 年第 1 期。
② 曹茂春:《建设和谐文化必须正确处理三对关系》,《前沿》2009 第 7 期。
③ 董德福、程宸:《社会主义和谐文化建设的路径依赖》,《江苏大学学报》2008 年第 1 期。

展和谐创建活动,丰富社会文化生活;四是坚持正确导向,营造积极的思想舆论氛围;五是健全机制,坚持可持续发展;六是积极对外开放,广纳文明成果等。

（二）国外的相关理论研究

国外虽然尚没有发现对于和谐文化建设的直接论述,但其丰富的和谐思想应是我们可资借鉴的理论资源。西方国家的和谐思想可以溯源到古希腊的和谐理念。在毕达哥拉斯学派看来,和谐是最美好的事物。赫拉克利特认为,对立的东西产生和谐。苏格拉底、柏拉图、亚里士多德更是把和谐的理念引入社会领域。柏拉图的"理想国"就是一个他在头脑中构建的"和谐社会"。

在历史日益成为世界历史的境遇下,西方学者直面西方社会发展中存在的相互冲突与不和谐的现实,展开了无情的批判。马尔库塞以人本主义为核心阐发了他的"非压抑性文明观",旨在改造社会以解放人受压抑的不和谐状态。此外,霍克海姆和阿尔诺在《启蒙辩证法》中对"文化产业"的批判,哈贝马斯在《作为意识形态的科学技术》中对科学技术的批判,弗洛姆在《健全的社会》中对资本主义异化的批判等,都对文明发展中不和谐的状况进行了分析,从另一个侧面表达了对和谐社会的向往。

全球化的发展使关涉人类共同命运的全球性问题接踵浮现。全球化背景下的人口爆炸、饥饿困扰、经济动荡、环境恶化、资源短缺等成为文明发展中的不和谐因素。罗马俱乐部在上世纪末期先后发表了《增长的极限》、《人类处于转折点》、《社会聚合的极限——多极社会的冲突与调解》等一系列报告,表达了现代发展危机中的和谐理念。亨廷顿的"文明冲突论"虽然具有"西方中心论"的情结,但表露了当代社会发展中的一个基本事实——不同文明之间的不和谐。如何能够真正化解不同文明之间的冲突,恰恰是我们和谐文化建设的一个主要内容。同时,发轫于20世纪中叶的"多元文化主义",强调民族差别的认可、异质文化的接受、不同价值观的尊重以及民族文化多元共存的责任等主张,也是我们可资借鉴的理论资源。

综上所述,关于和谐文化的研究取得了重要进展和成果,为进一步深化对和谐文化的研究开拓了领域,奠定了基础。但学术界对和谐文化的研究仍然存在一些亟待破解的问题,如,关于和谐文化的总体性理论研究仍然有待明晰和深入,这包括和谐文化的定位、定性,和谐文化的本质、内涵、要素结构等一些根本性问题,即有关和谐文化"是什么"这样关乎和谐文化研究前提性的问题并没有得到系统、实质性解决。

问题主要表现为:其一,和谐文化的研究大多停留在和谐文化的"外部研究"层面,侧重和谐文化建设的必要性、重要性的研究,侧重对和谐文化与时代、与和谐社会等外在环境、条件的关系阐释,注重对和谐文化的注解上,这种从外部切入研究和谐文化的路线虽然必须,但是,现有研究并没有聚焦于实质问题上,因为,一定的社会背景条件研究应当提炼出时代凸显的矛盾和问题,并转化为理论问题,现有研究过分强调这样一种外部关系,强调和谐文化产生如何重要,却忽略对和谐文化本身的研究,导致了和谐文化的泛化使用和研究的初级水平,使和谐文化概念陷入"人人熟知但并非真知"的理论困境。其二,由于对"和谐文化"的歧义理解,出现以"逻辑的事物去代替事物的逻辑"的主观偏向,必然带来和谐文化建设实践上的困境。

因为和谐文化的内在规定性"是什么"与其作用发挥是一个问题的两个不同方面,前者是后者的前提基础,否则和谐文化建设只能是沦为一种口号。偏重注解式研究导致对和谐文化自身的理论建构无所作为,在实践推进上智慧贡献表现乏力,在引领文化发展上更是无从谈起。和谐文化建设似乎是权宜之计,一阵风。

要破解和谐文化研究的困境,我们认为,需要加强和谐文化的"内部研究",研究要"面向事情本身",一切研究围绕和谐文化是什么,它的存在方式和结构是什么,如何理解和谐文化的类型、特性等一些涉及和谐文化基本理论的根本性问题,在学理上进行深入研究,我们才有可能接近和谐文化的本质,并为在实践层面上推进和谐文化建设提供思想观念。

三、本书的研究方法、研究理路与创新之处

对于社会主义和谐文化建设,学界已经进行了多维度的研究。而本书旨在深入挖掘经典文本思想资源的基础上,遵循历史与逻辑相统一等方法,力求在共时、历时两个层面对社会主义和谐文化的基本问题进行全面而准确的把握。

(一)本书的研究方法

研究方法一方面取决于研究对象的性质,另一方面又在一定程度上决定着研究结论。对于社会主义和谐文化建设这样一个浩繁的基础性工程,只有以多种的研究方法综合运用才能将其全方位地展示出来。

1. 批判与继承相结合的方法

中国传统文化与西方文化中虽然含有大量的和谐文化思想,但它们作为不同社会形态的精神体现和观念表达,与社会主义和谐文化存在着本质上的差异,对此要进行批判的继承。把这两种方法结合起来,才能从文化繁荣发展的层面使社会主义和谐文化以发展的逻辑呈现出来,也才能为中国特色社会主义文化建设提供可供操作的"实践路径"。

2. 历史与逻辑相统一的方法

社会主义和谐文化的提出,具有其独特的时代背景和实践基础,也有其深厚的传统文化中的和谐思想渊源。历史与逻辑相统一的方法是本论文宏观层面主导性的方法。所谓历史的方法主要是通过对历史发展进程的描述,揭示事物的发展及其内在规律的方法。所谓逻辑的方法主要是指通过概念、范畴的有序运动,而建立起逻辑范畴的理论体系,以揭示客观事物的本质与规律的方法。运用这种方法研究社会主义和谐文化,是把社会主义和谐文化的价值理念与中国文化发展形态及发展历程紧密联系起来。

3. 整体抽象与层次具体相结合的方法

社会科学方法包括两方面内容:一是科学抽象系统,重在整体上揭示社会现象"是什么",并把社会规律逻辑地表述出来;二是科学解释系统,重在对"是什么"进行"为什么"的层次性的具体解释,是对社会现象进行理解的方法。和谐文化作为一个浩繁的基础性理论工程,是一个有机整体,客观上必须用整体思维来考察。我们要从整体上把握社会主义和谐文化的连贯性,在社会有机体中透视出社会主义和谐文化与和谐社会理论及政治、经济等理论的内在关联。同时,对于社会主义和谐文化的历史资源、价值追求以及实践路径等却需要层次性的具体解释。只有将两种方法结合起来,才能揭示社会主义和谐文化的实质精神。

(二)本书的研究理路

本书研究力图运用文化发展的一般规律理论,从共时态、历时态两个维度观照社会主义和谐文化建设的基本理论问题。本书以"提出问题——分析问题——解决问题"的理论进路,以社会主义和谐文化的历程为经、文化发展的规律为纬,来展开理论研究。具体如下:

引言部分主要阐明本研究在理论和实践等方面的价值、国内外研究现状以及研究方法与研究思路等,力图将本书的研究现状、研究理路、研究方法与创新之处等前提性问题交代清楚,以求学界同仁的指正与批评,为将来进一步研究奠定基础。

第一章是以全球化的视域观照当代中国文化发展问题。在当代中国,文化发展所处的历史方位、时代方位、价值方位与经济、政治、文化的发展都要求重塑当代文化新秩序,社会主义和谐文化建设的提出展现了我们党在当代中国文化发展问题上的理论自觉。

第二章是以思想史的视域对和谐文化进行梳理,主要阐明和谐文化的发展历程及其思想史来源等问题,通过对中国传统文化和谐思想智慧、西方文化中和谐思想资源与中国共产党人在新时期的文化探索的梳理,确证社会主义和谐文化建设在文化史上的地位和作用。

第三章是社会主义和谐文化的基础理论研究,属于元问题研究,是本书的核心内容。主要包括:文化、和谐、和谐文化的基本含义,社会主义和谐文化的本质、基本内涵、基本特征与主要功能等基本问题。在本章中我们既阐释了与社会主义和谐文化相关概念的主要内涵,也阐发了我们对社会主义和谐文化基本理论问题的一些新的理解。

第四章论述了推进社会主义和谐文化建设的条件和思想路径,属于社会主义和谐文化建设的实践层面研究。我们认为,利益和谐、民主政治的发展和生态文化的传播,是社会主义和谐文化建设的条件保障;协同行动下的集体共识构建、思想自我的生成、公共领域的精神形塑、人的精神家园的关切及社会主义意识形态新形象的树立,是建设社会主义和谐文化的思想路径;只有把握社会主义和谐文化建设的规律性,才能切实推进社会主义和谐文化建设。

(三)本书的创新之处

关于和谐文化的定位、定性研究。即,从当代中国文化发展所处的历史方位、时代方位、价值方位等方面对和谐文化的本质进行前提性追问,使对社会主义和谐文化研究的历史根据、现实依据和价值位序得以澄明。

从宏观的和谐理念和精神、中观的社会主义文化的现代形态、微观的社会主义文化新秩序三个层面阐述了社会主义和谐文化的内涵,对社会主义和谐文化的内涵理解有新的拓展。

以整体性思维,阐述了社会主义和谐经济、和谐政治与和谐文化的共韵同律规律,以及中国特色社会主义文化、中国社会主义先进文化与社会主义和谐文化的辩证统一关系。

第一章　全球化视域下的当代
中国文化发展问题

任何一个重大的理论问题都是一个时代人们实际社会生活过程的表征,而当下的全球化浪潮又是一个不争的事实。随着全球化的不断升级,其影响日益超越其原有的经济领域,不断向政治领域和文化领域拓展,使全球化以经济、政治、文化等方面的总体表征展现出来。因而,在当下世界不同文化交融碰撞的历史际遇下探求当代中国文化的发展问题,就必须以全球化的视域来进行观照。

一、当代中国文化发展所处的方位分析

在当今时代,思考任何问题离不开国内国际两个大局。《中共中央关于构建社会主义和谐社会若干重大问题的决定》中指出:"建设和谐文化,是构建社会主义和谐社会的重要任务,也是构建社会主义和谐社会的重要条件。"这实质是从辩证角度对和谐文化的不同定位:就构建和谐社会而言,和谐文化建设是手段,要服从于和谐社会建设,没有和谐社会建设,就没有和谐文化的需求,和谐社会是和

谐文化建设的社会存在基础,为其发展建设提供可能性;就和谐文化是构建社会主义和谐社会的重要条件而言,和谐文化建设对于和谐社会构建具有逻辑先在性,可以说,没有和谐文化就没有和谐社会的真正建成,和谐文化建设是目的。我们认为,要理解和谐文化的本质和意义,应当有更为宽广的理论视野,和谐文化的提出是针对改革开放以来中国社会转型乃至未来社会主义文化发展的一种自我认知的自觉理论表达,在时代巨变的背后,更为深刻的变化还是人类精神的嬗变和人类精神文化的重大转折。在这个意义上,和谐文化的问题又不能囿于和谐社会的唯一维度来认识,而应从中国社会主义文化的现代转型高度加以解读。文化存在对人类的不可或缺在于其本身内蕴着人性追求与社会设置的辩证统一,文化既是一个要反映人类存在和发展实然状态的描述性概念,也是批判、矫正和引领人类社会不断改造超越现实走向未来的理想性追求。这启示我们,要从时代精神与文化内在本质相契合的意义上,相对独立思考和谐文化的本质和内涵是和谐文化研究之根本。而和谐文化所处方位问题是把握和谐文化"是什么"的理论前提,也是理解和谐文化本身的任务、内容的背景条件。正如胡锦涛指出的:"面对当今世界各种思想文化相互激荡的大潮,面对国家发展和人民生活改善对文化发展的要求,面对社会文化生活多样活跃的态势,如何找准我国文化发展方位,创造民族文化新辉煌,增强我国文化的国际竞争力,提升国家软实力,是摆在我们面前的一个重大现实课题。"①

可见,随着改革开放的深入发展,当代中国日益成为"世界历

---

① 《胡锦涛文选》第2卷,人民出版社2016年版,第539页。

史"的一个重要组成部分。在全球化浪潮的影响下,社会主义中国正在完成加快现代社会转型的历史重任。可以说,当代中国文化建设是在全球化与中国现代社会转型的双重背景下展开的。双重的历史境遇使当代中国文化发展面临着极为复杂的问题,也促使我们在战略层面探究中国特色社会主义文化建设所处的"方位"问题。换言之,要实现当代中国文化的发展,确定和谐文化的方位,就必须对当下中国文化所处的历史方位、时代方位和价值方位等进行分析和考量。当前,我国的文化建设取得了一定成效,正如胡锦涛在党的十八大报告中说的那样:"社会主义核心价值体系深入人心,公民文明素质和社会文明程度明显提高。文化产品更加丰富,公共文化服务体系基本建成,文化产业成为国民经济支柱性产业,中华文化走出去迈出更大步伐,社会主义文化强国建设基础更加坚实。"①然而,在国际文化环境日益复杂、综合国力竞争日益加剧的时代背景和历史条件下,时刻保持清醒头脑,客观看待我国文化发展的历史方位、时代方位与价值方位,实事求是地建设社会主义精神文明,是必要的且必需的。

(一)当代中国文化发展所处的历史方位

当代中国文化发展所处的历史方位实质上是要在历时态上明确当代中国文化的发展脉络,把握传统文化与现代文化的内在关系,找准和谐文化的历史方位,进而阐明和谐文化何以可能。换言之,就是把和谐文化置于新中国历史发展的纵向时间坐标位置去思考和追问

---

① 《胡锦涛文选》第3卷,人民出版社2016年版,第626页。

和谐文化"是什么",从当代中国文化自身的发展变革的历史脉络中认知和把握"和谐文化"。

一般说来,精神文化发展的逻辑虽然取决于人们的存在,即人们的实际生活过程,从归根结底的意义上说,其中对精神文化发展起决定作用的主要是人们社会生活的生产和再生产。但是物质生产往往要通过社会结构和社会状况的折射才能对精神生产发挥作用,精神文化作为"生产的一些特殊的方式"①,具有自身发展的内在逻辑。恩格斯对此曾写道:"历史方面的意识形态家在每一科学领域中都有一定的材料,这些材料是从以前的各代人的思维中独立形成的,并且在这些世代相继的人们的头脑中经过了自己的独立的发展道路。"②显然,历史是人类社会生活历史,文化又是人们实际生活过程的观念表达和精神表征,因而,文化必然以历史的形式呈现出来。

从文化的发生来看,中华传统文化属于内源自生型文化,是中华民族在漫长的历史发展进程中,逐渐生成的内容丰富、内涵独特的文化。中华民族的传统文化不仅为中华民族提供了安身立命的根本,而且以其绵延五千年的文明轨迹向世界彰显了它独特的价值魅力。中华民族的传统文化的生成是建立在农业文明的生产方式和家国一体的宗法社会政治结构之上的,这也就内在地决定了它是以伦理道德为核心的价值系统。这种自给自足的自然经济、家国一体的宗法政治社会结构与以伦理道德为核心价值的传统文化交互作用,铸成了中国社会的超稳定结构和中华文化发展的高台期。尽管经过多次外来的文化冲击和内部朝代的更替,中华传统文化依然缓慢地向前

----

① 《马克思恩格斯全集》第42卷,人民出版社1979年版,第121页。
② 《马克思恩格斯文集》第10卷,人民出版社2009年版,第658页。

发展。恰恰是由于它在历史上曾经多次成功地吸纳、有效地整合了外来文化，因而，传统文化的核心内容和经典地位在几千年的文明发展史上并没有真正地受到人们的怀疑，外来文化也未曾松动超稳定的传统文化结构。

直到近代，已经在工业文明方面行进了几个世纪的西方列强凭借坚船利炮和强大的综合国力打开了国门而使中华民族面临生存的危机，才使国人重新检讨绵延了几千年的传统文化，从而开启了中华民族的文化转型的历程。面对巨大的文明落差，文化转型的必要性毋庸置疑；否则，中华民族难以屹立于世界民族之林，绵延了几千年的传统文化也难以为继。然而，这种文化转型并没有一步到位，却经历了一个痛苦而又漫长的认知与践行的过程。洋务运动要解决的是中华器物不如西方的问题；洋务运动的失败使先进的国人认识到深层次的问题在于制度不如人的问题，先后有了戊戌变法和辛亥革命；戊戌变法与辛亥革命并没有从根本上改变中国经济文化落后的面貌并都以失败而告终，这也使中国的先进知识分子看到了器物与制度背后更深层次的根本性问题是文化问题，特别是人的现代化问题。他们高举"民主"和"科学"两面大旗，以图彻底改变国人的精神面貌，开启了富有理性批判精神的新文化启蒙运动。尽管人们对新文化运动可能持不同的态度，它也没有很好地完成它的历史使命，但是它创造性地引入了现代西方的观念和体制，开启了传统文化向现代文化转型的历程，奠定了中国文化现代化的基石，是毋庸置疑的。

新文化运动引起了思想界的空前大变动，在对封建礼教发起了猛烈批判的同时，形成了各种新思潮竞相争鸣的黄金时代。正是在这样的百家争鸣的文化黄金时代，马克思主义这种崭新的文化才得以在中国迅速传播。以毛泽东等为代表的中国共产党人在马克思主义思想的指引下,使中国社会面貌发生了根本性的变化。在文化方面,"中国人在精神上就由被动转入主动"①,先后实现了新民主主义文化、社会主义新文化两次质的飞跃,其成就主要表现在:一是确立了以马克思主义为指导思想的新文化,即共产主义的宇宙观和社会革命论为指导的社会主义新文化,成功地实现了马克思主义与中国传统文化的对接。二是矫正了五四时期对待中外文化的形而上学的片面态度,以唯物辩证的方法阐明了"古为今用、洋为中用"的文化态度。三是确立了"为社会主义服务、为人民群众服务"的方向与"百花齐放、百家争鸣"等文化繁荣发展的方针,始终坚持文化的社会主义性质和人民大众的主体地位。虽然在党的领导下,我国文化方面取得了重大成就,但是,从更大的尺度来看,这两次飞跃尚属于阶段性的部分质变,并未真正完成文化转型。缘由有二:一是文化转型应是一个包涵物质文化、制度文化、精神文化的整体性概念,仅有意识形态方面的变革是不够的。虽然当时我们已经确立起了社会主义的生产方式,但仍处于农业文明向工业文明转型阶段,还不是社会主义现代化的生产方式,与现代文化相适应的"外部事实"并没有真正建立起来。邓小平曾经指出:"现在虽说我们也在搞社会主义,但事实上不够格。"②说的就是这个道理。二是我们对于社会主义建设事业以及文化事业尚处于探索阶段,在理论上,对于一些基本理论问题,如什么是社会主义等关涉文化建设的基本前提的问题都没有弄清楚;在实践上,社会主义文化建设经常出现反复,"绝对一元化"的

---

① 《毛泽东选集》第4卷,人民出版社1991年版,第1516页。
② 《邓小平文选》第3卷,人民出版社1993年版,第225页。

革命文化盛行,如:"凡是错误的思想,凡是毒草,凡是牛鬼蛇神,都应该进行批判,决不能让它们自由泛滥"①,在毛泽东晚年甚至出现了"文化大革命"的错误。

为了解决社会主义不够格的问题,以邓小平同志为核心的党的第二代中央领导集体准确地把握了时代脉搏,开辟了中国特色社会主义发展道路,全面开启了社会主义现代化建设的航程;江泽民、胡锦涛、习近平等继续深化中国特色社会主义这一主题,社会主义现代化建设取得了举世瞩目的成就。社会主义现代化建设的深入发展,尤其是现代市场经济体制的确立,加快了社会转型的步伐。社会转型的加速就要求文化的发展与其相适应,因而当下我们的文化的历史方位应处于传统文化向现代文化转型的关键期。

进入新世纪新阶段,国内形势发生重大变化,这给中国的文化建设带来了新的机遇,同时也提出了新的挑战。新中国成立以来,我国社会从革命走向建设和改革,从计划经济走向社会主义市场经济,从传统农业社会向社会主义现代化社会转型,社会的文化观念、人们的精神面貌和思想状态、思维方式等都发生巨大变革。更为重要的是,随着中国社会的发展,思想和文化的分化也是不争的事实。人的思想活动的独立性、选择性、多变性和差异性日益增强,传统观念与现代观念相互纠结,社会价值与个体价值冲突碰撞,当代中国文化赖以发展的物质基础、社会环境、传播条件发生了深刻变化。适应中国社会的发展、社会转型和人的精神文化生活的新变化,怎样从中国的历史、现状和未来着眼,尊重历史、不迷失方向,紧随时代、又不超越阶

---

① 《毛泽东文集》第7卷,人民出版社1999年版,第281页。

段,坚持继承中国社会主义文化精神基础上的文化开新,与时俱进地推进文化发展,就成为历史发展给我们提出的新课题。正是基于在当代中国国情认识基础上对中国社会历史方位做出的科学分析和判断,建构一种能"与市场经济、民主政治和人的全面发展相契合"的现代文化,我们党提出了建设"和谐文化"的重要决策。

可见,和谐文化的历史方位就是把和谐文化置于新中国历史发展的纵向时间坐标位置去思考和追问和谐文化"是什么",从当代中国文化自身的发展变革的历史脉络中认知和把握"和谐文化"。

从历史方位看,和谐文化建设要解决两个层面的问题:一是如何继承传统基础上的文化创新问题,即传统文化时代化的问题,小农文化如何转向现代化,开启民智,促进人的现代化;二是处于文化核心地位的社会意识形态,如何从"革命文化"向"建设文化、发展文化"转型的问题,如何在现代化背景下发展社会主义文化的问题。深刻理解我们党提出建设和谐文化(或者说是作为文化转型)问题要坚持辩证思维,从"变"与"不变"的对立统一中去理解和谐文化。所谓"变"是指面对新环境围绕如何实现中国社会发展的价值目标所体现出来的文化战略、理论思想、价值理念、思维方式、文化策略的改变和完善。具体说,要从"革命文化"的"绝对一元化"的传统思维框架转向"建设文化、发展文化"的"兼容"思想方式。所谓"不变"是指当代中国社会文化的性质并没有根本改变,其基本指导思想、文化立场和思想内核并没有变,和谐文化的本质仍然是建设中国特色社会主义和谐文化,它体现和反映中国特色社会主义文化的基本要求,中国特色社会主义共同理想是和谐文化的核心,当代中国特色社会主义文化的共同理想和共产主义的远大理想的终极价值目标没有变。

能否对当代中国和谐文化的类型、性质及其转变作出准确概括,直接关联着我们对当代中国意识形态为核心的中国文化发展的认识和把握,关联着当代中国文化发展的实际成效和发展方向。因而,和谐文化是包括作为文化核心部分的社会主义意识形态在新时期发展的现代转型,是社会主义文化与时俱进发展的新形态。

(二)当代中国文化发展所处的时代方位

准确地把握时代方位,正确地判断世界的发展形势,是马克思主义政党制定正确方针路线的重要出发点和基本依据。在全球化的时代背景下,谋求当代中国文化发展,就必须弄清当今时代中国文化发展所处的时代方位,准确把握当今时代的文化发展的主要矛盾和矛盾的主要方面,以及由其所决定的文化发展的一般趋势和根本走向。当代中国文化发展所处的时代方位,就是把当代中国文化发展置于当代经济全球化发展的横向空间坐标中,去反思和明辨和谐文化问题。这也是怎样使中国当代文化发展获得世界视野、现代气质的问题,中国当代文化精神现代化、世界化的问题。

关于时代方位的把握问题,我们党经历了一个逐步深化的认识过程。19 世纪末 20 世纪初,垄断资本的发展导致了世界政治经济发展的不平衡,使整个世界充满了激烈的对抗和危机,并导致了重新瓜分世界的两次世界大战。战争不仅付出了惨重的代价,给世界人民带来了灾难;而且引发了革命,苏联、中国及东欧等一大批社会主义国家相继诞生。列宁对于当时时代方位的判断是"帝国主义和无产阶级革命的时代"、"帝国主义向社会主义、共产主义过渡的时代"。毛泽东在长期的革命实践中,继承了列宁对时代方位的判断,认为他所生活的时代是"处在革命和战争的新时代"①,其发展的基本趋势是"全世界资本主义和帝国主义走向灭亡,全世界社会主义和人民民主主义走向胜利的历史时代"。客观地讲,毛泽东这个时代方位的判断在新民主主义时期和建国初期还是比较准确的。正是基于这样的判断,我们党制定了相应的国际社会发展战略,实现了与其他社会主义国家的联合、与第三世界国家的联合,维护了世界和平和世界人民的利益。但是,自20世纪60—70年代以降,世界各国人民空前觉醒,争取和维护世界和平已经成为不可遏制的时代主流;世界政治格局的多极化发展,全球化进程加速,也都成为制约战争的因素。同时,世界后发国家要改变贫穷落后的面貌,维护国家主权和政治独立,就必须抓住机遇,加快发展;发达国家如果发展停滞,也要落伍。非常遗憾的是,由于国内国际比较特殊的历史背景,我们党的第一代中央领导集体并没有重新审视已经变化了的时代主题,也没有找准时代方位。相反,"反帝防修"的观念深入人心,"绝对一元化"的"革命文化"大行其道,甚至出现了"文化大革命"的失误。

以邓小平为核心的党的第二代中央领导集体在长期观察世界格局与形势的基础上,敏锐地把握已经转变了的时代主题,找准了中国社会发展的时代方位。邓小平曾经指出:"现在世界上真正大的问题,带全球性的战略问题,一个是和平问题,一个是经济问题或者说发展问题。和平问题是东西问题,发展问题是南北问题。概括起来,就是东西南北四个字。南北问题是核心问题。"②我们党的十三大报告明确地将当代世界发展的主题概括为"和平与发展"问题。"和平

---

① 《毛泽东选集》第2卷,人民出版社1991年版,第680页。
② 《邓小平文选》第3卷,人民出版社1993年版,第105页。

与发展"问题的概括不仅准确地把握住了当今世界的主要矛盾,反映了世界人民的共同愿望,也为社会主义事业的发展提供了指南,成为世界发展的主导方向。

自 20 世纪末以来,东欧剧变、苏联解体,"冷战"宣告结束,国际形势发生了深刻的变化。以江泽民、胡锦涛等为代表的中国共产党人随着时代主题的发展,进一步深化了对时代方位的把握。他们反复强调:总体和平、局部不安宁是当前国际形势的主要特征,"和平与发展"仍然是当今时代的主题。江泽民指出:"世界正在走向多极化","全球化的经济需要全球性的合作。国际社会的所有成员应本着责任与风险共担的精神,共同维护世界经济的稳定发展。"①这就初步表达了"合作"的时代理念。胡锦涛进一步指出:"当今世界,和平、发展、合作已成为时代潮流","合作是持久和平、共同发展的重要途径。"②"和平、发展、合作"时代主题的准确概括向我们展示了这样的时代方位:国与国之间特别是与西方发达国家之间的竞争与较量,主要的是发展方面的竞争与较量、综合国力方面的竞争与较量,因而我们必须维护世界和平、共同促进发展、全面推进合作。

在这样的时代背景下,文化软实力的竞争日益成为综合国力竞争与较量的焦点。不同文化之间的竞争与较量也呈现出一种悖论性的存在:一方面是以美国为首的西方发达国家大力发展文化产业,不断增强自身文化在世界文化中的辐射力,利用话语霸权在情景界定的情况下论证着文化价值观念渗透的合理性。如,美国整个文化产业,在国内生产总值所占的比例已经达到了 25%,美国的广播和有

---

① 《江泽民论有中国特色社会主义》(专题摘编),中央文献出版社 2002 年版,第 515 页。
② 《胡锦涛在出席俄卫国战争胜利 60 周年庆典时的讲话》,《人民日报》2005 年 5 月 10 日。

线电视的收入占世界文化生产收入大约56%。美国学者克拉克·贾吉写道:"各国并非仅仅依靠物质实力来生存。从政治家的声明、反全球化的示威者和恐怖分子的宣言当中,美国实力的第四项内容不断显现。它得到许多美国人的认可,却极少被认真地审视过。但这项内容可能成为21世纪发展方向的关键所在。这项令人捉摸不定的内容,就是美国的文化实力。"①另一方面,非西方国家的民族文化在一定程度上呈现出"传统自我"和"现代自我"的某种断裂,亦即传统文化的自然历史进程在西方文化价值观念渗透中被割裂成现代性前的自给自足的"传统自我"和在西方文化渗透中消解了传统本体的"现代自我",后发国家民族文化遭遇着传统与现代等深层的文化危机。非西方国家要想存在下去,就必须反思自身传统文化,建构既体现民族特性,又具有现代性的新的文化。这就使全球文化呈现出异质性因素不断增强和多元文化共存的态势。亨廷顿的"文明冲突论"的理论预设在某种程度上竟成为"自我实现的预言"。就此,沈壮海教授提出:"国际间文化国力竞争的日趋激烈与复杂,便是我们当下的社会主义和谐文化建设所处的时代方位。"②

可见,在经济全球化、世界多极化的时代背景下,一方面,和平、发展与合作成为时代主题;另一方面,以文化竞争为焦点的综合国力竞争却愈演愈烈,世界各种思想文化相互激荡,思想大活跃、观念大碰撞、文化大交融。现代西方文化以自由为核心,以理性和人本为两翼的文化发展正在产生越来越广泛的影响,正如哈贝马斯所说的,个

---

① [美]克拉克·贾吉:《美国的文化霸权:21世纪主宰全球的希望所在》,白锋哲编译:《国外社会科学文摘》2002年第4期。
② 沈壮海:《社会主义和谐文化建设的若干思考》,《马克思主义研究》2007年第8期。

人"自由"构成现代性的时代特征和核心价值系统,"主体性"原则构成现代性的自我确证原则。而现代价值的合理性、主体性的确证都出自人的理性,因而,理性也就成为现代人的安身立命之地。[①] 我们的文化发展面对开放的复杂的国际环境,面对西方文化价值观的强烈冲击、同化风险,中西文化价值观念的冲突日益增强,面对自身发展的转型重任,我们的文化发展更应有鲜明主体意识和理性自觉,坚持科学发展,大胆学习,勇于借鉴,并做到发展不改向,发展不变质,维护好国家文化安全。要在开放的时代,使中国文化走向世界,在中国文化与世界各国文化友好和谐相处中扩大我们文化的影响。

正是应对新的国际文化环境的变化,中国共产党提出建设和谐文化,意味着中国社会主义文化现代化的立场、态度和价值追求的自觉。和谐文化在这个层面上要解决的,是如何保持文化的民族性与世界性、文化传统性与现代性的张力问题,如何处理好中国文化与西方文化的关系问题,如何在文化融合中汲取西方文化的优秀成果问题。和谐文化表明:我们将以高度的文化自信参与世界文化交流,我们将以人类共同体为基础,构建一种具有普遍意义并且能够被世界认同的文化理念——"各美其美,美人之美,美美相容,人类大同"。和谐文化主张表明,中国文化的精神秉持和谐的基因,发挥自身优长,和谐文化追求中国、世界和人类的和谐统一,中国人愿意以和谐世界、和谐理念与不同文化体相互尊重,相互理解,共同发展。当代中国文化的发展离不开世界文化环境,应当获得国际性,中国文化的发展需要与国际合作、沟通、交流、学习和借鉴,我们需要世界对我们

[①]　陈嘉明:《现代性与后现代性十五讲》,北京大学出版社 2006 年版,第 4—5 页。

有真切认知,我们需要提高国际意识和扩大国际视角,也要为世界文化发展做出自己的贡献。同时,对应中国社会的现代转型,相对于传统的农业文化,和谐文化应当植入科学的理性的文化元素,和谐文化应当是以人为本的文化,是崇尚积极自由的文化,我们将以具有"中国内涵"的同时又是面向世界和面向未来的中国文化现代化的新形态——和谐文化,去赢得与中国综合国力相称的文化地位和文化尊严,提升国家文化软实力。

所以,现代形态是和谐文化的形态存在,社会主义是和谐文化的灵魂所系。和谐文化是当代中国对文化的解读,对文化发展的诠释。

(三)当代中国文化发展所处的价值方位

从中国当代文化发展所处的历史方位和时代方位的阐述中,我们可以看出,当代中国文化建设面临着前所未有的复杂情况:历史悠久的传统文化和农业文明的传统价值观作为文化积淀在当代中国人民大众中还在一定程度上发挥作用;随着中国融入世界进程步伐的加快,现代西方工业文明日益复苏着人们理性主义的激情,以自由、民主、人道、法治等现代性为主要内容的新启蒙似乎成了某种终极意义的价值诉求,正逐步地渗入人们的日常生活;正当我们积极地做"向西方看齐"文化努力时,作为工业文明的反拨的各种后现代话语也依次浮现。这就使原本属于历时态的文化都挤压在当代中国文化发展这一特定的空间内,以共时态的文化存在呈现出来。这种传统与现代、保守与激进、坚守与消解等各种文化价值观念交织共存的复杂文化景观,就是当代中国文化发展所处的价值方位。

这种当代中国文化发展极为特殊的价值方位,内在地决定了当代中国文化发展决非为一个简单的构造,而是在历史、时代的高度能够使多样的文化在统一的核心价值观的引领下和谐共生的自我建构过程。这个过程无疑就是我们党当下提出的构建社会主义和谐文化的过程。

构建社会主义和谐文化,就必然要解决社会主义和谐文化的价值定位问题。如,社会主义和谐文化如何能以文化方式为当代中国发展提供"顶层设计"? 如何能以精神向标为和谐社会发展提供思想路径? 这些和谐文化的价值定位问题是当下社会主义和谐文化建设必须要明确的重要问题。关于社会主义和谐文化的价值方面的研究,学界已经取得许多重要成果。我们这里不打算从和谐文化的宏观社会功能方面展开论证,而只从文化精神最基本的价值立场来探讨。

中华民族很早就有崇尚"精神"的文化传统,儒家"重义轻利"的传统在广大民众中也具有相当大的影响。新中国成立后,由于对某些马克思主义理论的教条式理解,把市场经济与资本主义相等同、把计划经济与社会主义相等同,重义轻利的观念又深了一层。问题在于我们是在经济文化比较落后的情况下进入社会主义的,在这样生产力不发达的国家过早地否认利益的作用,结果只能导致贫穷,用邓小平的话来说,就是"不够格"。改革开放30多年的成就举世瞩目,巨大的物质财富被创造出来。但是,现代市场经济也催生了重"物质"、轻"精神"的价值取向,如功利性的物质追求成为压倒性价值取向,孙立平先生所说的"短期行为文化"的实用理性也弥散开来,追求感性物质享乐的非理性也颇有市场。

在这样的境遇下,社会主义和谐文化如何进行价值定位?

中华民族应当崇尚精神文化,在繁忙的物质追求中给"精神"以应有地位。和谐文化的定位必须具备"价值"元素,这是文化能够被接受和被认同的根据和理由。文化有多重价值,但和谐文化的价值定位本质是物质文化与精神文化的位序问题、如何在发展物质文化的同时提高全民族的精神文化水平问题。和谐文化的精神价值集中在社会生活的价值方面,由此问题的焦点就主要是在对中国当代和谐文化本有的精神价值进行分析上,并希望可以由此为当下的人们在对文化精神价值日益低迷的现状下的忧思获得一些启发和思考。

文化是人的精神家园,但是当代文化给人的并不是一个和谐的归宿,而是灵魂的躁动、不安和迷失。现代化的思想家们在概括现代社会特征时,其中对文化现代化的概括是"文化世俗化",所谓文化世俗化即文化理性化和现实化。从积极的意义上,其对于摒弃信仰上的蒙昧主义和精神乌托邦有积极意义,同时它也是对精神的崇高和理想祛魅化的过程。文化本该对应精神,但是,资产阶级的世俗化文化发展伴随的商业化、非个性化、非精神化,使功利成为文化价值的标准,精神被"物化"和"矮化",导致文化走向危机。因而,生活在物质文明已经发达的西方国家的一些有识之士,面对文化危机,纷纷寻找精神生活的出路,最终把视线转向东方,甚至得出了这样的结论:要解决人的精神危机,只有到中国伟大的和谐的精神文明去寻找。这样的结论或许有些夸大,但从一定意义上也是对我国传统和谐文化思想资源的一种肯定。这也充分说明:人类不仅需要科学理性的信仰,更需要一种能够给人安身立命提供精神慰藉的伟大的和谐文化理念。我们当下所要进行的社会主义和谐文化不仅是一种超越传统和谐文化抑或赋予传统和谐文化以现代崭新内容的文化,而且是一种能够有力批判矫治文化的非精神化世俗倾向、在物质主义时代展开文化精神的价值的新文化。这种新的和谐文化必须能够成为当代人的社会生活的精神家园,我们应该清醒地认识在文化基本价值方面所应承载的历史使命。

社会主义和谐文化要给人以精神层面价值关键在于促进人的现代化。文化的基础深藏于社会的经济和政治中,文化也反过来塑造社会的经济、政治,文化也能够塑造人。可见,文化对于社会发展尤其是对当代社会的发展有着重要的作用。因而,当下的社会主义和谐文化建设必然要对当代中国社会发展发挥至关重要的作用。这种作用不仅体现在经济富裕、政治民主的反作用上,而且体现在社会是否公平、生态是否文明的直接影响上,但关键还是在于全面提升人的现代性,促进人的现代化。

21世纪的国际竞争不再是军事抑或经济的单方面的较量,而是综合国力的竞争,本质上是人的主体素质的竞争。显然,全面提升人的现代性,促进人的现代化,已成为我国社会发展的迫切需要。"人的现代化问题的实质,就是把主体素质提高到当代的水准,实现主体素质的现代化。"①因而,社会主义和谐文化的价值目标应该把人的存在与精神生活获得现实的与和谐的展现,变人的精神层面被动状态为人的主体性和人文精神得以弘扬的状态,注重人的素质的全面提升并逐渐达到人的自由而全面发展作为价值旨归。

如果物质上富裕起来的中国在经济上提升其国际地位的同时,能够彻底改变外国人视野中的海外"疯狂购物"的暴发户的文化形

---

① 崔自铎:《人的现代化三题》,《理论前沿》1997年第9期。

象,赢得国际尊严;如果我们的物质发展的同时,也能带来国人素质的真正提高,使中国人在精神上成为现代人;如果我们的国家实现现代化的同时,也能获得现代性品质。那么,社会主义和谐文化的建设就具有首位价值,这就是和谐文化的价值定位。

二、当代中国文化发展的社会历史背景所蕴含的问题检视

文化的发展总是与一定的历史条件紧密相连,文化发展的水平又总是一定的历史时期人们改造自然与自身的能力的反映。社会主义和谐文化建设是在经济全球化不断深入、改革开放进程不断加快的社会历史条件下提出的。这一社会历史背景既是催生社会主义和谐文化的丰厚土壤,更彰显了社会主义和谐文化要解决的社会矛盾和主要问题,也自然地赋予了社会主义和谐文化特定的历史使命与时代任务。

(一)经济社会发展的矛盾变化对当代中国文化发展的新要求

自改革开放以来,无论是国际的抑或是国内的经济社会发展的矛盾都有了新的发展趋势和新的变化,这也就对当代中国的文化发展提出了新的要求。

从国际视野来看:随着经济全球化的不断深入,虽然和平与发展依然是各国面临的主要矛盾,依旧是时代主题,但是"世界仍然很不安宁。国际金融危机影响深远,世界经济增长不稳定不确定因素增多,全球发展不平衡加剧,霸权主义、强权政治和新干涉主义有所上

升,局部动荡频繁发生,粮食安全、能源资源安全、网络安全等全球性问题更加突出"①,国际经济社会发展的矛盾变化呈现出了新的态势和新的特点。

一方面,强权政治与恐怖主义相互刺激、全球生态日益恶化等重大问题,日益成为人类社会共同关注的重要议题。还有其他的许多问题,如生物多样性保护、重大疾病的防治、食品安全等等,也日益具有了全球性的特征。各国人民具有了共同的危机感和共同寻求解决方案的努力。与此同时,原始科学创新、关键技术创新、系统集成创新日渐成为影响全球经济格局的重要条件,群体突破业已成为当今科技发展新的趋势。当今科学技术群体正朝着超越国界、各个构成部分彼此交叉渗透、协同发展的复杂体系发展。任何一个国家和民族既不可能独享科技成就,也不可能封闭发展。这些新的变化使合作也成为世界各国人民的普遍共识,日益成为时代发展的潮流和主题。合作的时代主题强化了中国与世界各国的交流协作,使当代中国文化发展遭遇了多元文化交融共存的世界历史时代。

另一方面,自冷战结束以来,世界格局正由原来的"一超多强"的总体格局向多极化发展。美国单边主义的霸权行径日益受到世界各国人民不同程度上的质疑;俄罗斯、欧盟等在国际舞台上日益活跃,发展呈上升趋势,已经成为具有制衡作用的重要力量。"世界多极化、经济全球化深入发展,文化多样化、社会信息化持续推进,科技革命孕育新突破,全球合作向多层次全方位拓展,新兴市场国家和发展中国家整体实力增强,国际力量对比朝着有利于维护世界和平方

---

① 《胡锦涛文选》第3卷,人民出版社2016年版,第651页。

向发展。"①世界格局的多极化发展,使中国的世界影响力大大增强,国际地位日益重要。世界贸易组织总干事帕斯卡尔·拉米称赞中国为"一个真正负责任的强国"②。

时代主题的新变化使中国进一步融入世界历史大潮,要求中国必须以和谐理念与世界各国交流协作,进一步增强国际影响力。"负责任的强国"也需要与之相适应的文化形象与文化软实力。然而当我们越来越具备大国的经济要素时,与"负责任的强国"地位相应的文化内核却相对缺失。因此,在全球化的历史境遇下,当代中国文化必须以积极的态度寻求文明对话,提倡相容互补,在与世界不同民族文化的交融碰撞中,实现中华文化的繁荣发展。社会主义和谐文化也就超越了地域界限而具有了世界历史意义。

从国内视野来看:改革开放以后,随着现代市场经济体制的确立,我国经济快速发展,整个经济社会转型步伐加快,目前正处于人均收入在 1000 美元到 3000 美元的矛盾凸显期和发展机遇期。在这个历史时期,经济体制转轨、社会结构转型、利益格局大幅度调整、人们的生活方式和思想观念日趋多样化。这种空前的社会大变革,既给我国经济社会发展带来了前所未有的巨大活力,同时也催生了不少影响社会和谐的矛盾和问题,主要表现在:"城乡、区域、经济社会发展很不平衡,人口资源环境压力加大;就业、社会保障、收入分配、教育、医疗、住房、安全生产、社会治安等方面关系群众切身利益的问题比较突出;体制机制尚不完善,民主法制还不健全;一些社会成员

---

① 《胡锦涛文选》第 3 卷,人民出版社 2016 年版,第 650 页。
② 韩志金、王海:《中国入世这五年》,《市场报》2006 年 11 月 10 日。

诚信缺失、道德失范,一些领导干部的素质、能力和作风与新形势新任务的要求还不适应;一些领域的腐败现象仍然比较严重"①等。如何有效化解不断滋生的社会矛盾和冲突,是当前我国经济社会发展所必须面对的问题。

国内社会经济矛盾的变化对当代中国文化建设提出新的要求:必须以倡导和谐理念,以社会主义的根本价值观念为引领,有效化解各种社会矛盾,形成"我为人人、人人为我"的良好风尚,引导社会向健康有序的方向发展。这也是社会主义和谐文化所追寻的价值目标。

(二)当代中国民主政治发展凸显的文化多样的诉求

同为上层建筑领域的政治和文化,是相互影响、相互作用、相互映射的。一定历史条件下的文化服务并影响着政治的发展,映射着政治的要求;反过来,政治也决定制约着文化的发展方向,直接影响着文化的进步与繁荣。

新中国成立后,中国社会主义民主政治建设在实践中取得了重大进展。人民代表大会制度、中国共产党领导下的多党合作与政治协商制度、民族区域自治制度等关于人民民主的基本政治制度不断完善和发展,城乡基层民主不断扩大,公民的基本权利得到尊重和保障,中国共产党的民主执政能力进一步提高,社会主义民主的制度化、规范化和程序化建设不断加强。十七大报告深刻地指出:"人民当家作主是社会主义民主政治的本质和核心。"同时还明确提出要"扩大人民民主",以健全民主制度、丰富民主形式、拓展民主渠道,

① 《中共中央关于构建社会主义和谐社会若干重大问题的决定》,《人民日报》2006年10月19日。

使人民的知情权、参与权、表达权和监督权得到更充分的保障。"以扩大党内民主带动人民民主,以增进党内和谐促进社会和谐。"

当然,我们也应该看到,由于我国尚处于社会主义初级阶段,经济发展水平还有待提升和经济结构还有待完善,这在一定程度上制约着社会主义民主政治的发展。其表现有二:其一,初级阶段的生产力发展水平在一定程度上决定着人民大众的教育程度和文化素质,人民大众的教育程度与文化素质的低水平又在一定程度上制约着公民的民主素质与民主运行机制的运行;其次,社会主义市场经济体制尚处于初始阶段,初始阶段的市场经济体制也必然地存在不发达和不完善的一面,这就不可避免会对广大公民民主意识的增强和民主机制的完善造成一定的影响。在这样的历史境遇下,立足于中国的实际情况,结合民主政治发展的一般规律,从实际出发求索中国特色社会主义民主政治发展的道路、建立健全中国特色社会主义民主政治制度就成为当代中国的必然选择。

从历史的逻辑来看,文化要素往往受制于一定社会的政治要素,文化又反作用于政治要素;一定社会的文化样式往往是社会制度选择的结果,同时它又在客观上折射出社会政治发展的客观要求。

新中国成立后,中国的老百姓通过社会生活的每一个细节真切地感受着人民民主形式在不断地丰富和扩展,公民的民主权利和合法权益日益得到保障。越来越多的普通公民通过各种合法途径影响公共决策与公共管理,表达民主诉求,主张民主权利。建国30年后,为了适应现代化发展的需要,我们走上了建设中国特色社会主义道路,当代民主政治呈现出了新的情况。新情况的出现是与社会主义市场经济体制密切相关的。现代市场经济体制的确立,彻底地松动了传统的社会结构,也使人们的民主政治观念发生了很大的转变:一方面,现代市场经济体制改变了原有计划经济体制下人的"群体本位"的存在方式,摆脱了对单位、领导等的依赖性,以市场主体的身份在市场经济运行中增强了自主意识、平等意识、法治意识等,民主政治观念不断增强;另一方面,现代市场经济的运行所引发的社会利益深刻调整,形成了利益分配结果的差异,直接导致了社会利益群体的多元化。不同利益群体之间的关系非常复杂,既有利益协调的方面,也有利益冲突的方面。由此产生了不同的民主政治诉求,使大众的民主政治观念呈现出多元化的态势。如今,随着全球化的不断深入,形形色色的西方民主政治价值观念纷至沓来,几乎每一种民主政治观念都找到了它能得以存在的土壤。这种情况反映在文化上必然是不同文化的不同的文化诉求。

和谐文化的提出恰恰反映了这一客观要求。这是因为:社会主义和谐社会是一个要实现民主法治、公平正义的社会,社会主义和谐文化是社会主义和谐社会民主政治的价值体现和思想保证,因而它是弘扬民主法治、公平正义理念,能够以民主政治建设价值观念的先进性统合当代民主政治发展的多元诉求的文化。

(三)当代文化的多样共存对当代中国文化发展提出的新挑战

马克思曾经指出:"那些发展着自己的物质生产和物质交往的人们,在改变自己的这个现实的同时也改变着自己的思维和思维的产物。"[1]"文化的本质是在实践过程中'人化'与'化人'的有机统

---

[1] 《马克思恩格斯文集》第1卷,人民出版社2009年版,第525页。

一,人类改造世界和改造人本身活动的内在统一是文化的源泉和基础。"①可见,文化是人们生产实践的产物,并随着物质生产的发展而发展。由于不同时代的物质生产状况的不同,文化也会有所不同。因而,文化又具有时代性的特征。同时,文化又是由生活在不同地域的不同民族创造的。因而,文化又具有民族性的特征,随着民族的发展而发展,并以民族特有的方式呈现出来,逐步形成民族的文化传统。

由于文化具有民族性的特征,因而,整个世界的文化素来是以多元的形式呈现出来的,这是历史生成又绵延至今的客观事实。英国学者汤因比在其代表作《历史研究》一书中提出,在人类文化发展演进的历程中,有西方的基督教文明、中国和东亚的儒教文明、东欧和俄罗斯的东正教文明、南亚次大陆的印度文明、北非与中东等地的伊斯兰教文明等五种对世界历史进程有重要影响的文明。② 美国学者亨廷顿的"文明冲突论"认为,当代世界存在着西方文明、东正教文明、伊斯兰文明、中华文明、印度文明、日本文明、拉丁美洲与非洲文明等八种主要文明。③ 每一种文化或文明都是在本民族发展的历史中生成的,都各自为本民族的发展、延续以至整个人类文明的发展做出过应有的贡献,都有其存在的合理性。

同时,文化也有时代性的特征。当代世界,不同民族文化发展的时代落差的存在也是不争的经验性事实。在全球化的进程中,世界

① 胡海波、郭凤志:《马克思恩格斯文化观研究》,中国书籍出版社 2013 年版,第 103 页。
② [英]汤因比:《历史研究》,刘北成、郭小凌译,上海人民出版社 1987 年版,第 29 页。
③ [美]亨廷顿:《文明的冲突与世界秩序的重建》,周琪等译,新华出版社 1998 年版,第 370 页。

各种不同文化既相互吸纳交融,又碰撞冲突。一方面,以美国为首的少数西方发达国家利用自身的强势地位张扬着话语霸权;另一方面,不发达国家和地区的各民族发展本民族文化的自我意识也在空前高涨,也在自反性地建构本民族的文化。如何有效地保持本民族的基本文化认同,在全球文化多元交互碰撞融合中发展自身文化,以防止大众在生活方式、思维方式等方面逐渐西化的趋势,成为每个后发国家发展民族文化必须要解决的重大课题。

目前,尊重各民族国家的历史文化传统,承认世界文化多样性的现实已经成为绝大多数国家以及国际社会的基本准则。2001 年,联合国教科文组织第 31 届大会通过的《文化多样性宣言(草案)》明确提出:"文化在不同的时代和不同的地方具有不同的形式。这种多样性体现在显示构成人类群体和各社会特性的独创性和多样性中。文化的多样性是交流、革新和创新的源泉,它对人类来讲就像生物多样性对维持生物平衡一样必不可少。从这个意义上讲,文化多样性是人类的共同遗产,为了当代人和子孙后代的利益应当予以承认和肯定","文化多样性增加了每个人选择的机会;它是发展的源泉之一,它不仅是促进经济增长的因素,而且也是达到令人满意的智力、情感、道德和精神要求的手段。"2005 年,联合国教科文组织第 33 届大会又通过了《文化多样性公约》。这是国际社会为捍卫世界文化多样性所取得的重要成果,表明文化多样性的原则已被绝大多数国家所认可,意味着只有不同文化之间的交流与和谐相处,才能真正维护世界和平,才能真正实现每个民族、国家的文化繁荣发展。

与其他后发国家相比,当代中国文化发展的境况就更为复杂。这是因为,当代中国文化发展不仅遭遇着全球文化交互碰撞融合的挑战,而且遭遇着由于中国特定的历史、时代背景而带来的当代中国文化发展的新的挑战。

从民族学的视域来看,中华文化是生活在中华大地上的 56 个民族在劳动实践中共同创造的,是 56 个民族文化在几千年的历史发展进程中逐步融合、汇聚而生成的有机文化整体。中华文化本身就具有多样性的特征。从中华文化的起源来看,中华民族的文化发祥地,除了黄河流域外,还有长江流域文化、南方的百越文化和北方草原的细石器文化等。中华民族在几千年的历史长河中,中华各民族文化相互认同,在交流互动中取长补短,同一性不断增强,生成了统一的中华民族的传统文化。

新中国成立后至改革开放前,中国文化曾呈现出"绝对一元化"的特征,"革命文化"充斥着文化发展的每一个环节。虽然我们党提出了"百花齐放、百家争鸣"的文化发展方针,但由于当时占主导地位的"革命文化"具有较强的强制性、排斥性、垄断性以及意识形态性,因而当时的中国文化仍具有较强的"一元化"特征,在一定程度上束缚了社会主义文化的发展。

近年来,随着改革开放进程的加快和全球化的深入,当代中国文化发展遭遇着文化多元化新的挑战。当代中国文化格局呈现出中华文化与西方文化、传统文化与现代文化乃至后现代文化等多种文化、各种思潮交织共存的状况。这种文化的多元化主要体现在三个方面:一是中华文化与西方文化并存。改革开放后,随着全球化的深入,西方文化再一次冲击着中华文化。二是前现代、现代、后现代文化并存。实际上,前现代的、现代的、后现代的文化原本属于不同时代的文化样式,每一种文化在一定意义上说都是对前一种的批判和超越。但是,这些历时态的文化却以共时态的形式并存于我国的文化领域。三是主流文化、精英文化、大众文化并存。近年来,大众文化异军突起,网络文化亦后来居上。

多元文化错综复杂的、国际国内的现实境遇,对当代中国文化发展提出了新的挑战,当然也彰显了新的发展机遇。从国际视野来看,中华文化是当代世界多元文化的重要组成部分,如何有效应对不同意识形态在文化领域的斗争,如何在多元文化的交融碰撞中既保持民族文化的特性又不断综合创新以追赶世界先进文明,这是当代中国文化发展面临的重大时代课题。从国内视野来看,如何尊重文化发展自身的规律,将开放性与民族性、多样性与先进性有机统一起来,在尊重文化多样性与弘扬主旋律统一的基础上实现当代中国文化的现代化,这是当代中国文化发展要解决的历史课题。社会主义和谐文化以包容多样的和谐价值取向,表达了当代中国文化发展解决历史与时代课题的这种努力。

三、建设社会主义和谐文化是当代中国文化发展的理论自觉

在当代中国,文化的多样性存在早已是一个不争的经验性事实。其中,以马克思主义为指导的社会主义文化是我们的主流文化,社会主义价值观是我们的主导价值观。因而,当代中国文化繁荣发展的关键问题在于如何处理好一元和多样的关系问题。这其实是一个文化发展或者说文化建构中的文化秩序问题。无论从文化秩序的历史与现实抑或立论基础来看,建设社会主义和谐文化都体现了我们党

在当代中国文化发展问题上的理论自觉。

（一）中国传统文化秩序观概述

所谓秩序，是指一个系统内各要素的有序化、合理化。文化秩序也就是在一定的多元或多样文化共存的系统内各文化要素运行的有序化与合理化。文化是需要一定秩序的，没有秩序的文化只能带来思想混乱和社会动荡。马克思曾经指出："统治阶级的思想在每一时代都是占统治地位的思想。这就是说，一个阶级是社会上占统治地位的物质力量，同时也是社会上占统治地位的精神力量。"①显然，在任何一个社会，各种不同的文化之间的位序并非等量齐观，而是存在着一定的差别的。同时，统治阶级也必须选择或者生产出一种与占统治地位的物质力量相适应的占统治地位的思想，这就是主流文化或称之为主导文化。这种反映统治阶级意志的主流文化统合其他文化而形成一定的文化秩序。关于文化秩序的基本观点和根本看法，我们称之为文化秩序观。

在一个社会有机体内，经济、政治与文化三者是交互作用的。一个良好的社会，不仅需要良好的经济秩序和政治秩序，更需要一个良好的文化秩序。因为"文化的一个重要功能，就是提供和证明一套能够保障人们生活并使之富有意义的社会秩序"。"人们依赖文化及其所塑造的社会秩序，获得生活的位置、能力和规范，拥有各自生活的内容和形式。"②因而，中国传统文化秩序观的研究就存在着双重指向性：一是各种文化的位序确定的问题，也就是从"多"中选

---

① 《马克思恩格斯选集》第 1 卷，人民出版社 2012 年版，第 178 页。
② 郭湛：《文化自觉与社会秩序》，《甘肃社会科学》2006 年第 2 期。

"一"的问题,这往往主要是由统治阶级或是统治者来完成的。即统治阶级或统治者在多元文化中选择一种最能反映本阶级利益、代表本阶级意志来维护社会秩序的文化作为主流文化的问题。二是主流文化或者主导文化的价值引领问题,也就是"一"如何统摄"多"的问题,这往往主要是由意识形态阶层完成的。即意识形态阶层在多元文化的交融中不断汲取其他文化的合理性因素为统治阶级所确立的社会秩序的正当性、合理性、神圣性做出论证,塑造出人们能够安身立命、获得生活位置的主流文化;同时,也以主流文化来统合其他文化,共同承担维护社会秩序的责任。

秩序是一定的社会运行的内在要求,也是其得以存在和发展的基础。作为社会有机体的重要构件的文化,其价值就在于确认和维系一定的社会秩序。理想的社会秩序是中国传统思想家们共有的价值目标。先秦时期的中国政治危机日趋严重,社会长期处于战争状态。社会失序、文化失范导致的思想混乱和社会动荡使建构秩序的文化在传统思想家头脑中就具有了观念的优先性,成为诸子百家要完成的首要任务。"寻求秩序在诸子百家的思想体系和价值追求中,居于中心的地位,各派只是对社会秩序的看法和达到理想秩序的方法有所不同。"①以孔孟为代表的儒家反对杨朱极端利己的"为我"与墨子极端利他的"兼爱",以"仁"和"礼"为理论基石,主张个人与社会的和谐,通过"修身、齐家、治国、平天下"的途径重构社会秩序。以老庄为代表的道家主张通过"任其自然、无为而治"的内在途径达到社会秩序平和安定的"小国寡民"状态。以墨子为代表的墨家倡

---

① 蒋伟光:《中国传统法文化中的秩序理念》,《东方法学》2012 年第 3 期。

导"兼爱"的利他精神与"非攻"的和平精神,主张通过刑法、舆论等手段的惩恶扬善、兴利除害实现和平社会的理想状态。以韩非子为代表的法家从人性自私为理论基点,主张以法和权威来控制人们的社会行为,进而实现秩序井然的"至安之世"。

秦统一后,秦始皇、李斯等人"缘法而治",法家的思想成为维护社会秩序的主流文化;虽在一定程度上也采用了"礼"制,"悉内六国礼仪,采择其善,虽不合圣制,其尊君抑臣,朝廷济济",①但"礼"制采用只不过是为统治者确立了君、臣、民的立法、执法、守法的等级秩序,这又恰恰与法治的平等、自由等基本精神相悖,实质上只不过是法家"唯我独尊"的一元文化。其实,严苛的法治文化与其他文化的关系并不和谐,如,有"焚书坑儒"的事件发生,既钳制了文化的发展,也不能够很好地维护社会秩序的,必然遭到人民的反抗。

汉初以道家思想为主导文化在某种程度上说,是对秦朝以法家为主导的文化秩序的一种矫正。汉初的统治者们把道家思想中的道德圣化、因时自适、无为而治等文化思想确立的社会生活秩序制度化,形成了汉初道治。这种自由的道治思想有利于休养生息,因而有"文景之治"的繁荣昌盛。但是这种无方向的放任的自由,也会引发"七王之乱"这样的社会动荡。于是,道家的文化秩序观又必然地让位给主张"和谐"的儒家文化秩序观。

儒家的和谐是文化秩序与社会秩序高度统一的和谐,一方面论证了当时社会秩序的神圣性、合理性和正当性的问题,如"天不变,道亦不变"等,并倡导人们通过"修身、齐家、治国、平天下"的途径实

① 《史记》第四册,中华书局1992年版,第1159页。

现人与社会的统一;另一方面它是以儒家思想为主体、兼容其他文化共同维系社会秩序的和谐文化。佛教文化的忍耐精神、道家的"无为而治"思想渗入社会各阶层尤其是社会底层,与儒家文化共同担当维护社会秩序的责任,并形成了一个超稳定的文化秩序,在中国历史上延续了两千年。

从中国传统文化秩序观的研究中,我们可以看出:在一个多元文化共存的社会状态下,不同的文化一定的文化秩序是与一定的社会秩序相适应的,一定的文化秩序总是服务、服从于一定的社会秩序,但文化秩序也塑造一定的社会秩序。平和安定的社会秩序往往与统治者文化秩序观选择、传统思想家的建构密切相关。良好的文化秩序既不是"绝对一元化的"的文化秩序,也不是放任自由的文化秩序,而只能是"一元主导多样"和谐共生的文化秩序。社会主义和谐文化建设的提出,正是对传统文化"和谐"思想资源创造性的现代转换的结果,充分展现了我们党在文化繁荣发展方面的理论自觉。

(二)中国文化秩序的当代重塑

中华传统文化积累丰富,在几千年的文明发展历程中,未曾遭遇到真正意义上的挑战传统的文化秩序。国人视野所及的其他民族,其文明程度都远逊于中国,由此中华传统文化的优越感在国人的心理层面是根深蒂固的。这种传统文化的优越感在近代却遭受了向外扩张的西方文化的冲击,开始了文化现代化转变的历程。

中华文化的现代化是在1840年鸦片战争以后,伴随着中国社会日渐沦为半殖民地半封建社会的情况下启动的。魏源等先进的中国人在清王朝日益腐败衰落与民族危机日益加深的境遇下,发出了

"师夷长技以制夷"等呐喊,成为学习西方文化的开端。自此以后,从洋务派提出的"中学为体、西学为用"的基本主张到以康有为、梁启超为首发动的戊戌变法与以孙中山为代表的革命派发动的辛亥革命,再到五四新文化运动,国人对西方现代文化的学习经历了一个从"器物文化层面"转向"制度文化层面"、再转向"精神文化层面"的层层深入的历程。

五四新文化运动反对封建迷信和愚昧,高举"科学"和"民主"两面大旗,使中国传统文化中的腐朽成分得到了比较彻底的解构,"科学"与"民主"的观念日渐渗入国民心理层面,成为中华文化的现代性基质。"正是发端于新文化运动的自由主义西化派、保守主义的现代新儒家派与中国马克思主义派一起,共同构成了中国现代思想史上鼎足而立的三大思潮,成为推进中国文化现代化的主要力量。"①可见,从五四新文化运动至新中国成立这段历史时期,中国文化的基本格局具有多元共存的特点。这种多元性可以从不同的视域观照,如保守与激进、传统与现代、革命与改良、东方与西方、马克思主义与专制主义等等。需要指出的是,此时在各个根据地以宣传革命思想和革命运动为主要内容的"革命文化"初步形成并得到了很大程度上的发展。

新中国成立后,我们党确立了马克思主义在文化领域的指导地位,并展开了知识分子的思想改造和文化批判运动,马克思主义的主导地位在文化普及与大众化导向中地位凸显,"绝对一元化"的"革命文化"样态基本奠定。这种"绝对一元化"的"革命文化"在中国文

① 李翔海:《中国文化现代化历程的哲学省思》,《中国社会科学》2002 年第 6 期。

化现代化历程中的作用是双重的:一方面,以共产主义宇宙观和社会革命论为指导,在我国文化史上第一次真正地确立了人民大众的文化主体地位,并使唯物辩证的方法比较彻底地应用于哲学社会科学领域,形成了中国文化的新气象;另一方面,"在确立和巩固马克思主义主导意识形态地位的同时,不同程度地存在着试图用马克思主义取代一切文化成果的倾向"①。虽然毛泽东科学地阐明了对待古今中外文化的"取其精华、去其糟粕"的正确态度,也提出了实现文化繁荣发展的"百花齐放、百家争鸣"的方针,但在实际操作层面,许多源于西方的人类文化优秀成果和中国传统文化中的精华部分都被视为资本主义和封建主义的"毒草"而被简单地否定,一定程度上造成了文化发展的单一化。

改革开放以来,在经济全球化和中国社会转型的双重境遇下,多样共存的文化景观再次呈现。如何处理好"一元"与"多样"的关系以实现文化繁荣发展的问题在考验着我们党的智慧。对于这个问题的解决,近现代历史上曾经出现过多种解决方案或思潮,至今还有一定影响的主要有以下四种:一是返回并发掘"原汁原味"的传统文化的文化保守主义,这种在事实上早已不存在的虚幻环境中"文化还原"的文化道路注定是行不通的;二是猛烈抨击既有文化传统、力主全盘西化的文化激进主义,这种不顾中国现实文化情况的"断裂式变革"注定是要失败的;三是计划经济体制下的"绝对一元化"的"革命文化"的道路,这种文化孤立封闭的道路在某种程度上是违背文化自身发展规律的、不利于文化发展的道路;四是失去方向的"自由

①　杨凤城:《中国共产党90年的文化观、文化建设方针与文化转型》,《中国人民大学学报》2011年第3期。

化"道路,这种放任的、动摇中国文化发展根本的道路只能给中国带来思想上的混乱和社会的动荡。

当代中国共产党人既不走封闭僵化的老路,也不走完全西化的邪路,而是在深刻把握时代主题、检视当代中国社会发展的文化诉求的基础上,提出了建设社会主义和谐文化的新要求。社会主义和谐文化建设的提出,体现了我们党在当代中国文化发展问题上的理论自觉,也表达了重塑当代中国文化秩序的努力。

郭湛教授提出:"文化自觉作为人们对其所属文化的自我认识,以及对外来文化的主动适应,在文化危机时期尤为重要,关系到能否以及如何在新的价值坐标中继续保持原有文化认同,积极吸取外来文化和有效克服危机,进而为新的社会秩序的功能性与合法性作出评判和重新论证等许多重大问题。"①我们非常赞同郭湛教授的观点,并认为,社会主义和谐文化正是表征了我们党对当代文化秩序重构的一种理论自觉。

首先,承认、尊重、包容多样性文化是当代文化秩序重塑的前提条件。社会主义和谐文化本身就内在地蕴含着对当下文化多样共存事实的确认,也展现了我们党对多样文化的包容、尊重的态度。当今的文化多样化,既是经济社会发展矛盾变化和民主政治发展在文化方面的必然反映,也是当代文化自身发展的客观需要和世界文化交流日益增强的结果,因而它是不容否认的一个客观存在。面对多样文化共存的客观事实,文化自觉首先就要确认它存在的价值,明确对待它的态度。胡锦涛从人类社会的高度和世界视野强调:"文明多

---

① 郭湛:《文化自觉与社会秩序》,《甘肃社会科学》2006年第2期。

样性是人类社会的基本特征,也是人类文明进步的重要动力","应该以平等开放的精神,维护文明的多样性。"①否认、遏制文化多样性的文化专制主义和文化"绝对一元化"只能带来文化的封闭和保守,窒息文化的生命力。社会主义和谐文化重构当代文化新秩序的前提是"和而不同",即是以承认、尊重、包容其他不同文化的存在为前提的。因而,社会主义和谐文化既是对不利于文化发展的专制主义和"绝对一元化"的反拨,也反映了我们党实事求是的客观态度和理论上的自觉。

其次,对文化发展规律的理论自觉是构建当代文化新秩序的重要基础。社会主义和谐文化建设不仅有实事求是的理论态度,更是对文化发展规律的理论自觉。当代中国,由于不同经济成分、不同民族、不同利益阶层的存在以及全球文化交融激荡的影响,价值的多样性和文化的多样性共存已是一个不争的事实。文化的多样性既是文化生态的内在要求,也是一个民族文化永葆生机和活力的泉源。通过人类文化发展史的考察,我们不难发现,有生命力的文化,其进化都是多线的和非线性的过程,都是在多元文化共存中汲取、吸纳其他不同文化的合理因素的文化发展过程。我国先秦诸子百家"各自发挥创造性的思维,各自阐扬其所见,共同构成群星灿烂、文化高度发展的局面"②。对于西方文明,布罗代尔曾指出:"在各种文明中,西方恰好利用了它汇集着无数文化潮流的优越地位。千百年来,它从各方向吸取营养,甚至向已死的文明借鉴,这才使它后来光芒普照,

---

① 胡锦涛:《努力建设持久和平、共同繁荣的和谐世界》,《人民日报》2005 年 9 月 16 日。
② 张岱年:《文化与价值》,华夏出版社 2004 年版,第 169 页。

风行全球。"①可见,文化的发展过程,就是摒弃不同文化之间不和谐因素、不断走向和谐的过程,也是人类文明不断演进、发展的过程。

文化发展规律的理论自觉,使我们能够把握和处理好文化发展中的古今、中外两大关系,有助于我们在文化多样和谐共存中实现当代文化的繁荣发展,是当代文化秩序重塑的重要基础。具体表现在:一方面,由于中华民族优秀的传统文化是我国文化的内在生命力,是文化向前发展的内在契机。因而,在多样文化共存的条件下,汇通古今、继承与发扬传统文化的精华是全球化时代文化发展的首要前提。另一方面,在全球化的时代背景下,各民族文化之间相互交流、融合已成为当代文化发展的必然趋势。因而,我们必须全面把握西方文化的基本精神,如科学精神、人本精神、自由与平等思想等,在社会主义和谐文化建设中汲取西方文化中优秀的人类文明成果。

最后,社会主义先进文化一元主导是多样性文化和谐共存的当代文化秩序的重要保障。文化和价值观念存在状态的多样性,有其不可否认的积极意义,同时,也有其不可忽视的负面影响。在我国和谐文化的发展历程中,随着文化和价值观念由原本的单一性转向如今的多样化,文化和价值观念之间各种各样的冲突也日趋明显。和谐文化承认、尊重和包容文化的多样性,但这种文化和价值观念上的多样性存在,并不意味着不同的文化和价值观念之间没有主次之分、没有矛盾冲突,更不意味着彼此可以平起平坐、相安无事。相反,各种文化和价值观念的冲突碰撞时刻存在。这种和谐共生的文化状态,是处于从属地位的其他文化与处于主导地位的主流文化的和谐。

---

① [法]布罗代尔:《文明史纲》,肖昶等译,广西师范大学出版社2003年版,第157页。

也就是说,是各具特色的多样文化与社会主义先进文化的和谐。多样性的文化和价值观念能够实现和谐共生、共同发展,就必须要有统一性,必须要有一元主导。正是因为如此,我们党在《中共中央关于构建社会主义和谐社会若干重大问题的决定》中指出:"社会主义核心价值体系是建设和谐文化的根本。"历史已经向我们证明:没有主导文化和主流价值观引领的多样文化只能带来文化秩序的混乱和社会动荡。因此,社会主义先进文化的一元主导和社会主义核心价值体系的引领是多样性文化和谐共存的当代文化秩序的重要保障。

综上所述,社会主义和谐文化建设是文化指导思想一元主导与文化发展中多样共存的内在统一,是当代中国文化秩序的重塑与当代中国文化发展的理论自觉的有机统一。

第二章　和谐文化的历史思想探源

　　人类文化的发展历程经历了一个从愚昧蛮荒走向文明自由的渐进过程,尽管期间存在暂时的停滞或倒退,但总体上呈现出文明进步的趋势。人类文化之所以不断发展进步,其根本原因在于人类社会生活总体上的不断向前跃迁,文化作为人类社会生活的精神体现和观念表达,也必然呈现出不断进步的过程。不仅如此,从文化繁荣发展的视域来看,文化的发展进步还存在自身特有的规律性,一是文化的不断传承,二是文化的不断创新。社会主义和谐文化就是在传承中西传统文化和谐思想的基础上,马克思主义和谐思想结合当代文化发展的实际提出的。因此,从思想史的高度探究和谐文化的思想源流,无疑为当下建设社会主义和谐文化、促进社会主义文化的大发展大繁荣提供了重要的理论支撑。

一、中国传统文化蕴涵的和谐思想和智慧

　　中华民族在五千年的发展过程中,创造出了独具特色的中华文化,虽然没有明确提出"和谐文化"的概念,但和谐的理念始终是千百

年来华夏民族所孜孜以求的理想,因而在漫长的历史发展过程中,中华民族逐渐形成了内容丰富、内涵独特的中华传统和谐文化思想资源。

(一)中国传统文化中和谐思想的含义

中国传统文化中的和谐思想内涵丰富、意蕴深远、独树一帜,在人类生存世界的各个角落都能够找到和谐思想的发展变化轨迹,延伸到主体与外部世界关系如天人关系、人与社会关系、人与他人关系的方方面面,同时也体现在主体自身内部的物理和谐与品行和谐,彰显了其强大的生命力。和谐文化思想不仅是中国古代官方主导文化的价值内涵,同时也构成了传统社会精英文化与大众文化共同的目标导向,展示了中国人民追求和平、包容多元、崇尚不同民族与世界和谐共生的文化形象与海纳百川、包罗万象的广博胸襟与民族气息。张岱年先生在谈到东西方文化本质之比较时说:"统而言之,从古代到1949年以前,中国文化有什么特点? 西方文化从希腊以来有什么特点? 我认为中国传统文化比较重视人与自然、人与人之间的和谐与统一的关系。"①可以说,和谐思想是中国传统文化核心价值观的最高准则。

"天人合一"是中国传统和谐文化思想的基本特征。所谓天与人合为一体、和谐共生就是在处理人与自然的关系过程中要做到顺应自然规律、顺应万事万物的生成、发展过程,不违"天意",不与自然对抗,以"敬天"、"顺天"而达到"保民"、"养民"的目的。人与自然的和谐之所以会成为中国古代较早出现并贯穿传统社会终始的基础和谐思想,究其原因就在于中国传统社会是以小农经济为物质基

---

① 《张岱年全集》第6卷,河北人民出版社1996年版,第186页。

础的漫长的农业文明社会,农事生产实践成为个人、社会与国家生存的基础和前提,古代农业生产力低下、改造自然获取物质生存资料的能力水平较低,因此只有顺应自然、与自然和谐相处才能从自然中获得自身生存的物质基础。如《易经》中的"夫大人者,与天地合其德,与日月合其明,与四时合其序"①;儒家主张推己及人、由人及物,要不违农时,对待鸟兽草木都要做到以"仁爱"处之;道家的天人相通、道法自然之说;宋明理学的"天人相交"、"天人一气"、"天人一理"说;陆王心学的"天人一心"说等,都是在处理人与自然关系中关于人与自然和谐思想的深刻洞见。

以人际和谐为基础的社会和谐是中国传统文化和谐思想的又一重要内容。能够保证为人们提供物质生存资料的人与自然的和谐是基础,建立在这一基础之上的社会和谐则担当着处理人际关系、维系社会正常运转的重任。社会是人的全部活动以及关系的总和,人的本质属性也在于他的社会属性,如果说社会是一个有机体,那么人就是构成有机体的细胞,个体与集体以及不同个体之间的关系构成了社会关系的内容,因此探讨社会和谐的问题就是探讨人际和谐的问题。中国传统文化发展中的各家各派均对社会和谐与人际和谐思想做出了独特的解释。儒家的三纲五常、五伦十义从道德上规定了人际相处的基本准则,并以推己及人的方式实现了社会和谐,"己所不欲,勿施于人"、"己预立而立人,己欲达而达人"、"礼之用和为贵"、"老吾老,以及人之老,幼吾幼,以及人之幼"等是日常生活中的和谐原则;"天时不如地利、地利不如人和"是军事战争中的和谐原则。

---

① 李学勤:《十三经注疏·周易正义》,北京大学出版社 1999 年版,第 23 页。

法家主张依法治国,以建立一套行之有效的法律制度对人民进行约束的方式来实现社会的和谐。道家则主张无为而治,"越名教而任自然",以无为处胜有为,达到天下大治。墨家则以反对战争、提倡人与人之间"兼相爱"、"交相利"的方式实现社会和谐。中国古代思想家的社会和谐与人际和谐思想不仅为统治者提供了一套治国理政的行之有效的方案,保证了传统社会的正常运转,也体现了古人对和谐社会美好图景的积极向往和勇敢追求,为人类文化思想发展进步留下了一笔宝贵的精神遗产。

主体自身内部的和谐构成了中国传统和谐文化思想资源的第三个内容。主体内部的和谐又包括道德品行上的和谐和物理和谐两个方面,可谓身心兼具、形神兼修。前者的核心命题是品行合一,知行一致,在为人处世上要做到坐而论、起而行,言行一致、表里如一被当作用来衡量一个人思想品质的重要指标,无论是程朱学派的知先行后说,陆王心学的知行合一说,还是王夫之等人的行先知后说,都体现了思想与行为相统一的主张。追求物理和谐集中体现在中国传统中医学说之中,五脏六腑均要达到和谐一致,并且要做到形神俱养,否则任何一个方面或部位出现问题,都会导致人体的病痛。

在漫长的中国传统社会进程和传统文化发展中,通过对人与自然、社会、他人之间和谐关系以及人自身内部和谐状态的探讨与追求,体现了中国人对"大同"与"小康"社会终极目标的不懈追求。

(二)中国传统文化和谐思想的历史发展

1. 中国传统文化和谐思想的开端

历史悠久的中国传统文化可以用"源远流长、博大精深"来形容,和谐的理念和意识在中国社会的史前时期就已经开始萌芽,传说中的大禹时代从筑坝截水到疏流导滞的过程就体现了古代原始先民们遵从自然规律、追求人与自然和谐共处的理念;而作为中华民族早期文化标志的龙凤图腾则是各个原始部落从征战冲突到融合的产物。《礼记·礼运》篇向后人描绘了尧舜禹时代的社会和谐图景:"大道之行,天下为公,选贤与能,讲信修睦。故人不独亲其亲,不独子其子,使老有所终,壮有所用,幼有所长,矜寡孤独废疾者皆有所养;男有分,女有归。货,恶其弃于地也,不必藏于己。力,恶其不出于身也,不必为己。是故,谋闭而不兴,盗窃乱贼而不作,故外户而不闭,是谓大同。"①这段文字描述了上古三皇五帝时代一片和谐、安定、融洽的理想社会图景,谓之大同社会,尽管那时还没有出现"和谐"的语词,但确实蕴含着中华祖先们向往的和谐理念。

中国传统和谐文化思想的真正开端可以一直追溯到殷周时期。最早的殷周文献中已经出现了关于"和"字的记载,在甲骨文和金文中都能够找到其影子,之后散见于《诗经》《尚书》《国语》《左传》等古典文献,"归纳这些早期文献中的'和'字,其意可以具体分为和乐、和物、和人、和政、和行"②。这个时期的"和"字用以指称事物的具体的存在形态,还带有直观的色彩,没有上升到关于宇宙世界和天地万物存在法则的高度。第一,描绘音乐之声相和。《诗经》中出现"和"字的频次比较高,其意大多与音乐之声相关,如"鼓瑟鼓琴,和乐且湛"③、"伐木丁丁,鸟鸣嘤嘤……神之听之,终和且平"④、"既备乃奏,箫管备

---

① 陈成国点校:《周礼·仪礼·礼记》,岳麓书社1989年版,第368页。
② 杨倩:《和谐文化的溯源与辨析》,世界知识出版社2011年版,第19页。
③ 朱杰人导读:《诗经》,上海世纪出版集团2009年版,第169页。
④ 朱杰人导读:《诗经》,上海世纪出版集团2009年版,第176页。

举。喤喤厥声,肃雍和鸣。"①第二,记述和羹旨酒的和物。如,郑笺曰:"和旨,酒调美也。"②郑笺曰:"和羹者,五味调腥熟得节,食之于人性安和,喻诸侯有和顺之德也。"③这里均用"和"字来指称美酒热羹的口味达到一种理想的状态,满足了人的味觉。第三,告诫异姓相和的和人。"男女相及,以生民也"就是在告诫人们要避免同姓的男女通婚,否则在繁育后代问题上会导致不良的后果,异姓结合才能产生和谐状态,这早已被现代医学所证明。第四,阐释协和万邦的和政,这是从政治统治的侧面体衬出古人的尚和思想。《尚书》中出现的"协和万邦"是指不同的邦族之间的协和;《尚书》之《康告》、《无逸》中出现的"四方民大和会"、"用咸和万民"等指的是统治阶层之间的和谐共处以及上下民和思想。第五,规范道德礼仪行为的和行,从伦理道德的角度指出人与人之间相处要和谐融洽。如《左传》中提到的"多行不义,必自毙"④、"死而不义,非勇也"⑤等忠义观念;《尚书》中有"奉先思孝"、"令德孝恭"等恪行孝道的观念。这些伦理道德观念作为约束人们品行的规范,有效地调和了人们之间的关系,维护了社会秩序的良好运行。

最能体现殷周时期和谐思想发端的古典文献,当推奠定了中华传统文化之牢固基础、体现了中华文化之精髓、对后世影响最为深远的《易经》。作为五经之一的《易经》反映了殷周之际的先民们对宇宙奥秘和千变万化的自然现象寻求解释的心理状态,也迎合了西周

---

①　朱杰人导读:《诗经》,上海世纪出版集团 2009 年版,第 371 页。
②　孔颖达:《十二经注疏·毛诗正义》,中华书局 1980 年版,第 484 页。
③　孔颖达:《十二经注疏·毛诗正义》,中华书局 1980 年版,第 621 页。
④　李梦生撰:《春秋左传译注》,上海古籍出版社 2010 年版,第 3 页。
⑤　李梦生撰:《春秋左传译注》,上海古籍出版社 2010 年版,第 343 页。

新兴奴隶主阶级取代殷商腐朽的奴隶主以及维护政治统治的需要，尽管在当时的作用主要是为卜筮提供解释资源，带有宗教色彩，但它却从另一个角度体现了人们对万物生成变化终极原因的探索，其丰富的哲学意味也使得书中蕴含的和谐理念摆脱了具体有形事物的直观而披上了具有浓重哲学色调的外衣。《易经》与战国后期儒学家所做的《易传》合起来并称《周易》，全书共有六十四卦，每一卦都内蕴着天、地、人三才以及宇宙万物的生成、相互影响、阴阳两元素交互感应此消彼长的和谐论思想，极为深刻。首先，《周易》中蕴含着万物和谐生化是宇宙世界万物发生、发展、变化之基础的思想。乾卦为六十四卦之首，开篇便说："乾道变化，各正性命，保合太和，乃利贞。"①"乾"即指天，"乾道"就是天道，这句话的含义是说万事万物都顺应天道的变化和规则而运行，各自都按照上天的规定获得自己的生命本质，保全太和元气，保持此种完满的和谐生化状态，万物才能顺利地生存与运转，天下万方都和美顺昌。"天地氤氲，万物化醇。男女构精，万物化生。"②意思是说天地两气彼此结合调和，万物和谐运转；生物雌雄两性结合调和，万物繁衍生息。此外，还有如无极生太极，太极生两仪，两仪生四象，四象生八卦、化八方，八卦定吉凶等以"太极"作为宇宙世界本体和终极原因演化出万事万物的表述，都彰显出了事物按照天道既定规则和合化生、和谐运动变化的思想，这可以看作是中国古代一种朴素的唯物主义世界观。其次，《周易》中体现了阴阳两元素相互感应、彼此影响和渗透的和谐观念。阴阳的概念字面义是指日光的向背，向着日光为阳，背着日光为阴，

---

① 郭彧译注：《周易》，中华书局 2006 年版，第 2 页。
② 同①，第 391 页。

因此有山南水北谓之阳,山北水南谓之阴之说。《周易》里面则用阴阳的概念来解释宇宙运行中和实际生活中矛盾着的双方和正反的两面,并把阴阳两股势力的此消彼长、相互交错与和谐平衡看作宇宙世界的根本法则和内在于事物生成变化的根本规律。"一阴一阳之谓道"①,即阴阳合在一起就是天道。万事万物都是在阴阳两股势力的矛盾和消长中展现出来的,天(乾)代表着极阳,地(坤)代表着极阴,"乾坤其易之蕴邪? 乾坤成列,而易立其中矣。乾坤毁则无以见易,易不可见,则乾坤或几乎息矣。"②意思是易道深藏于乾坤二者之中,代表着阳刚的乾和代表着阴柔的坤二者排列成行,相互渗透和转化,才会导致事物和谐变化,如果没有阴阳的变化易道就会缺失,天地之间的一切也就不会存在了。按照《周易》的思想,在现实生活中我们周围的一切事物都符合阴阳交变、对立统一的规律,如天与地、太阳与月亮、晴与雨、冷与暖、火与水、男人与女人、子夜与晌午、冬至与夏至等等,阴阳的平衡交错规定了事物的和谐状态,而如果阴盛阳衰或者阳盛阴衰也会破坏事物内在的和谐与稳定。阴阳交变的理论蕴含了对立统一、和谐共生的朴素辩证法思想,体现了我国古代先民们探索宇宙奥秘、寻求世界原因的深刻智慧。

除了殷周时期早期的文献外,我们从两周的史籍中仍然可以考察到丰富的和谐文化理念。一是周公制礼做乐,为维护和谐稳定的社会政治秩序提供了制度保证。礼乐制度是两周时期最重要的政治制度,它维护统治阶级与被统治阶级之间的和谐秩序,规范着不同阶层人们的社会生活,是社会框架建立与运行的根本原则与现实基础,

---

① 郭彧译注:《周易》,中华书局 2006 年版,第 360 页。
② 郭彧译注:《周易》,中华书局 2006 年版,第 375 页。

它突出强调的就是血缘宗族关系上的"亲亲"和上下等级秩序的"尊尊"。"礼节民心,乐和民心,政以平之,刑以齐之,礼乐刑政,四达而不悖,则王道备矣。"①由此可见,礼乐制度的目的就是维护社会整体和谐、稳定的秩序与良好的运行。二是史伯的"和同论"进一步发展了对和谐秩序的哲学探讨。据《国语·郑语》记载,西周末年,周太史史伯在与郑桓公讨论政治危机时说:"夫和实生物,同则不继。以他平他谓之和,故能丰长而物归之;若以同裨同,尽乃弃矣。"②史伯在这里明确指出了"和"的概念,即"以他平他",就是不同元素之间互相配合而达到的一种协同并进的平衡状态,"和"的状态是新事物得以产生的基础,而"同"则是排除了事物的差异性和多样性的对立面的统一,"同"会窒息事物的生机与活力,其后果会导致生机荡然无存,事物行将灭亡。史伯认为,上古三皇和前代帝王之所以能够成就丰功伟绩,原因就在于先贤们把握住了和合之道,"虞幕能听协风,以成乐万物生者也。夏禹能单平水土,以品处庶类者也。商契能和合五教,以保于百姓者也。周弃能播殖百谷蔬,以衣食民者也"③。而西周王室之所以行将灭亡,正因为周天子幽王"去和取同",排斥异己,独断专行,一味地相信苟同自己的小人。

2. 中国传统和谐文化思想的形成

春秋战国时期是中国古代历史的重要转折点,是从奴隶制社会走向封建制社会的过渡时期。从政治上看,春秋末期作为统治阶级规范社会秩序、维护统治权威的礼乐制度走向衰落和崩解,原有的以

---

① 陈成国点校:《周礼·仪礼·礼记》,岳麓书社 1989 年版,第 425 页。
② 《国语·郑语》,上海古籍出版社 1978 年版,第 514 页。
③ 《国语·战国策》,岳麓书社 1988 年版,第 148 页。

血族宗亲为基础的等级秩序被打破,周王无道,诸侯并起,出现了各路诸侯群雄争霸的局面;从思想文化上来看,春秋战国时期却处于人类文化文明发展的"轴心时代",在思想史上出现了"百家争鸣"的文化大发展大繁荣的局面,盛极一时。诸子百家争鸣不已,激荡的思想碰撞过程中产生了伟大的智慧火花和丰硕的果实。儒家、道家、墨家、阴阳家等学派均建构了自己的思想体系,给出了解决社会发展问题、处理人与人、人与自然社会关系的不同方案,而中国传统和谐文化思想也通过各家学说的阐释最终得以形成。

(1)儒家的和谐思想

儒家的和谐思想对后世和谐文化理念的发展贡献是最大的,奠定了中国传统文化的基础,并且在两千多年的封建社会历史发展过程中一直作为官方意识形态而存在,其以"仁爱"为核心的和谐理念不仅在处理人与人之间的关系、规范人们行为的伦理道德领域发挥了重要作用,而且推广到了社会政治领域中。这里主要对代表人物孔子、孟子、荀子的和谐理念做以分析。

孔子在处理人际关系上倡导一种"和而不同"、"尚和贵中"的理念,这可以被看作是儒家和谐思想的核心主张。子曰:"君子和而不同,小人同而不和。"①君子心胸宽广,能够容纳不同的意见和差异,不必做到与每一个人都一样,不强求统一反而也能够做到与人和谐共处,而小人尽管表面上看与大家都一样,但实际上却只与利益一致的人结党营私,不能够做到人与人之间的关系和谐。要实现人与人之间关系上"和而不同"的理想境界,关键在于要有"仁爱"之心作为

---

① 杨伯峻:《论语译注》,中华书局2006年版,第159页。

保证,主观上要求社会中的每个人都要以一颗"仁者爱人"的心灵真正地去关爱他人,就是要践行"己所不欲,勿施于人"、"己欲立而立人,己欲达而达人"的美好品质,一方面自己不想做的事情不能强加于他人,另一方面自己要想有所作为和有所成就首先就要努力帮助他人实现目标,这是儒家处理人与人之间关系的核心原则。孔子关于社会和谐的思想,可以在《论语·季氏》一章中得到解读,孔子提出了"不患寡而患不均,不患贫而患不安"的著名思想,意思是统治者在治理国家问题上的忧患,不在于物质财富的多少,而在于能否做到平均分配那些财产,不在于人口数量的多少,而在于人们能够安居乐业、团结和睦地相处。因此,孔子主张一种"均无贫,和无寡,安无倾"[1]的理想社会模式,意谓:若是财富平均,便无所谓贫穷;境内和平团结,便不会觉得人少;境内平安,便不会倾危,这就要求统治阶级以德治国,"为政以德,譬如北辰,居其所而众星共之"[2],这样人民才能和谐稳定,维护统治秩序,体现了孔子追求社会和谐的理想。

孟子遵循了孔子"以德治国"的和谐思想,主要体现在他以"仁政"为核心的政治主张上,反对将暴力作为社会统治和管理人民群众的武器,反对武力镇压百姓,而是主张布施仁义于天下,以此来感化民众。"域民不以封疆之界,固国不以山谿之险,威天下不以兵革之利。得道者多助,失道者寡助。寡助之至,亲戚畔之;多助之至,天下顺之。"[3]这句话不仅显示出了孟子施行仁政的治国主张,而且写出了以"得道多助"为核心的军事战争策略,仁义之君是不发动战争

① 杨伯峻:《论语译注》,中华书局2006年版,第194页。
② 刘兆伟:《论语通要》,人民教育出版社2008年版,第18页。
③ 万丽华、蓝旭译注:《孟子》,中华书局2006年版,第76页。

的,若一旦发动战争则势必取得胜利,因为仁义之君可以做到政通人和,使天下万民归顺。因此,"天时不如地利,地利不如人和",孟子将"人和"放在比"天时"、"地利"更为重要的位置上,彰显着治国理政的和谐思想。从"仁政"出发,孟子为我们描绘了一幅理想的和谐社会图景:"五亩之宅,树之以桑,五十者可以衣帛矣。鸡豚狗彘之畜,无失其时,七十者可以食肉矣。百亩之田,勿夺其时,数口之家可以无饥矣。谨庠序之教,申之以孝悌之义,颁白者不负戴于道路矣。七十者衣钵食肉,黎民不饥不寒,然而不王者,未之有也。"①从这里可以看出,孟子继承了孔子"先富后教"的思想,以具体的事例深刻论述了进行经济建设、创造物质财富、提高人民生活水平与社会道德伦理之间的关系,使老百姓先获得生产资料发展生产再对其加以教化,在一定程度上具有唯物主义的思想,是其和谐社会理想的集中体现。

荀子是继孔子、孟子之后最著名的儒学大师,他的和谐思想首先体现在其"和则多力"的主张上面。"故义以分则和,和则一,一则多力,力多则强,强则胜物",②也就是说在一个集体内部人与人之间应该和睦相处,这样对外就能形成协调一致的力量,一致的力量就会增多,力量增多了组织就会更加强大,继而强大的组织便会所向披靡,战胜一切。除了倡导组织内部的和谐之外,荀子在人与自然和谐共生的问题上也有专门的阐述:"圣王之制也:草木荣华滋硕之时,则斧斤不入山林,不夭其生,不绝其长也……污池渊沼山泽,谨其时禁,故鱼鳖优多而百姓有余用也;斩伐养民不失其时,故山林不童而百姓

---

① 万丽华、蓝旭译注:《孟子》,中华书局 2006 年版,第 5 页。
② 骆宾译注:《荀子》,中国文联出版社 2016 年版,第 115 页。

有余材也。"①荀子表明了人与自然和谐相处、共荣共生的思想,并给出了合理利用自然物的具体措施,符合自然界的发展变化规律,这是一种调和人与自然关系的可持续发展观。

(2)墨家的和谐思想

墨家是以墨翟为代表的春秋战国时期著名思想学派之一,因其反对儒家学说并对其进行批判与反思而地位甚高,与儒学同称为"显学",两家学说针锋相对,开创了战国时期学术争鸣的风气。墨家对和谐社会理想的追求同样是其思想不可忽视的重要部分,在对和谐文化的诉求与弘扬上可谓与儒家殊途同归。墨家思想可以用"兼爱"、"非攻"、"尚贤"来概括之,墨家和谐观就集中体现在其"兼相爱"、"交相利"的基本主张上。"若使天下兼相爱,国与国不相攻,家与家不相乱,盗贼无有,君臣父子皆能孝慈,若此,则天下治。"②墨子认为能够使天下得到大治的根本途径就在于天下之人要普遍相爱,以爱人之心来对待一切人,国家与国家之间不发动武力征战,家庭与家庭之间和睦相处,君臣父子之间都能够恪守社会伦理道德准则,这样就会达到和谐理想的社会存在状态。相反,如果社会的"兼爱"风气被丢掉了,则"诸侯不相爱,则必野战;家主不相爱,则必相篡;人与人不相爱,则必相贼;君臣不相爱,则必不惠忠;父子不相爱,则不慈孝;兄弟不相爱,则不和调。天下之人皆不相爱,强必执弱,众必劫寡,富必侮贫,贵必傲贱,诈必欺愚"③。"兼爱"精神丧失则会导致普遍的社会混乱,上至天子诸侯,下至黎民百姓,人与人之间不休

---

① 骆宾译注:《荀子》,中国文联出版社 2016 年版,第 116 页。
② 武振玉、彭飞注评:《墨子》,凤凰出版传媒集团、凤凰出版社 2009 年版,第 46 页。
③ 李小龙注:墨子,中华书局 2007 年版,第 63 页。

止地争斗、欺骗、互相打击,矛盾丛生,盗贼蜂起,和谐社会就会被葬送,足见"兼相爱"的重要意义。墨子的兼爱思想跨出国家界限,就产生了诸侯国之间和平共处的"非攻"主张,因为若"诸侯各爱其国,不爱异国,故攻异国以利其国。天下之乱物,具此而已矣"①。实际上,尽管墨家所倡导的以"兼爱"和"非攻"为核心的和谐社会愿景是值得称颂的,站在人类的视角来思考问题更具崇高性,但是它超越了阶级界限和国家界限的没有差等的普遍之爱是没有办法实现的,只能是一种理想的诉求。

(3)道家的和谐思想

如果说儒、墨两家的和谐重心在于积极有为的人际和谐与社会和谐,那么以老子、庄子为代表的道家学说则主要倡导的是清静无为的、人与自然和谐共生的天人和谐观。

老子是道家学派的创始人,他发展了前人的阴阳学说,以阴阳的变易来解释宇宙世界演化的现象,规定天地万物运行的法则和规律。"道生一,一生二,二生三,三生万物,万物负阴而抱阳,充气以为和",②即说明"道"作为本体化生了宇宙中的万事万物,万事万物都以内蕴的阴阳两者的相互调和为现实存在状态,阴阳的调和与转化决定了事物的和谐。事物的和谐状态还体现在矛盾双方的对立统一之中,如"天下皆知美之为美,斯恶已,皆知善之为善,斯不善矣。有无相生,长短相形,高下相倾,音声相和,前后相随,恒也"③,"祸兮,福之所倚;福兮,祸之所伏"④等,都说明只有对立面双方的相互依存

---

① 武振玉、彭飞注评:《墨子》,凤凰出版传媒集团、凤凰出版社2009年版,第45—46页。
② 《老子·庄子》,北京出版社2006年版,第92页。
③ 同②,第10页。
④ 同②,第124页。

才是一种内在的和谐状态,对立统一是事物存在的法则与根据,在当时可谓把辩证法思想发展到了极致。此外,人们只要与大自然保持协同一致,"人法地,地法天,天法道,道法自然"①,就能实现天人关系的和谐统一。与儒家统治者用"德治"和"仁政"来积极实现对国家和社会的治理不同,老子在国家社会问题上主张无为而治,"是以圣人处无为之事,行不言之教"②,统治者和百姓都与世无争,节制欲望,返璞归真,回归自然,就会形成一种理想和谐的社会图景,同时社会也就会得到最完满的治理,无为胜有为,"无为而无不为"。老子所设想的和谐社会图景集中反映在《老子》第八十章中:"小国寡民。使有什伯之器而不用;使民重死而不远徙;虽有舟舆,无所乘之;虽有甲兵,无所陈之;使人复结绳而用之。甘其食,美其服,安其居,乐其俗。邻国相望,鸡犬之声相闻,民至老死不相往来。"

庄子是继老子之后道家学派最重要的代表人物,后人将其与老子并称为"老庄",是老子思想的直接继承者,在和谐理念上基本上继承和发展了老子的自然和谐观。庄子对现实社会表现了明显的"不满情绪",对社会生活的厌弃、排斥与否定使他追求回归原始愚昧无知、与自然界混为一体状态的理想,表达出强烈的消极遁世、超然于物外思想倾向。我们在《庄子》书中的很多地方都能够找到庄子所倡导的天人和谐以及人际和谐思想,如"夫明白于天地之德者,此之谓大本大宗,与天和者也;所以均调天下,与人和者也。与人和者,谓之人乐;与天和者,谓之天乐"③、"夫至乐者,先应之以人事,顺

---

① 《老子·庄子》,北京出版社 2006 年版,第 57 页。
② 同①,第 11 页。
③ 同①,第 251 页。

之以天理,行之以五德,应之以自然。然后调理四时,太和万物"①、
"古之人其备矣乎! 配神明,醇天地,育万物,和天下,泽及百姓"②。
这里首先确定了明确并顺应天地自然之道是最大的根本和最高的法
则,万物人事都要服从而不能背离这个崇高的法则,其次要处理好
"顺天理"、"应自然"、"行五德"、"调四时"的天人关系以及"与人
和"、"应人事"、"和天下"、"泽百姓"的人际关系,这样最终会达到
人与天和乐、与地和乐、与人和乐的理想状态,天地人和谐统一,万事
万物太和一致。庄子在老子"小国寡民"的基础上进一步对理想的
社会形态进行悬设,描绘了"至德之世"的社会图景:"至德之世,不
尚贤,不使能;上如标枝,民如野鹿;端正而不知以为义,相爱而不知
以为仁,实而不知以为忠,当而不知以为信,蠢动而相使,不以为赐。
是故行而无迹,事而无传。"③可见,这实际上是包含了愚昧无知、生
产没有发展、思想文化没有起航、人与大自然混原一体的人类初始状
态,不尚贤使能、不知仁义忠信、人们都以自然的本能来生存就是庄
子心目中的和谐社会。

(4)阴阳家的和谐思想

阴阳家是流行于战国末期到西汉初期的思想流派,其理论基础
就是《周易》所倡行的阴阳交感学说,"一阴一阳之谓道"是其立论的
依据。战国末年的邹衍是阴阳家最重要的代表人物,他在阴阳学说
的基础上创立了五行相生相克学说用以解释万物的起源和事物生成
变化的原因,因此我们可以把阴阳家的思想概括为"阴阳五行说"。

① 《老子·庄子》,北京出版社 2006 年版,第 260 页。
② 杨柳桥译注:《庄子》,上海古籍出版社 2007 年版,第 401 页。
③ 同①,第 248 页。

代表着积极、进取、刚强、热烈、健达等特性的阳和代表着消极、退守、柔和、阴冷、贫弱等特性的阴相互对立统一、互为根本、交互感应、彼此转化而创生了宇宙天地万物,并推动了万物的变化发展,此阴阳说在前文《周易》的和谐思想中已有述及,在此不再赘论。关于五行,最早的记载见于《尚书》,周初箕子在与武王探讨治国策略时指出:"五行:一曰水,二曰火,三曰木,四曰金,五曰土。水曰润下,火曰炎上,木曰曲直,金曰从革,土爰稼穑。润下作咸,炎上作苦,曲直作酸,从革作辛,稼穑作甘。"①这里不仅把金木水火土看作是最初构成世界的五种基本元素,写出了五行各自的特点,而且还把五行与五味对应起来。邹衍的贡献就在于总结前人对五行的认识成果,提出了五行"交相生,间相胜"的观点,即水、木、火、土、金按照顺时针的顺序排列,相邻的两元素是相生的关系,相间的两元素是相克的关系,即水生木、木生火、火生土、土生金、金生水,水胜火、火胜金、金胜木、木胜土、土胜水。五行相生相克说体现了我国古代朴素的唯物主义和辩证法思想,包含着事物的对立统一规律,五行的相互融合和转化决定了事物达到一种彼此和谐的状态。

可见,春秋战国时期各学派思想在相互争鸣的过程中,比较全面、系统地阐述了天人和谐、人与自然和谐、社会和谐以及人际和谐的思想,奠定、构建了中国传统和谐文化思想的基础与整体框架,和谐文化思想在这一时期正式形成。

3. 中国传统和谐文化思想的发展

中国传统和谐文化思想在春秋战国时期形成以后,没有停滞不

---

① 李民、王健撰:《尚书译注》,上海古籍出版社 2010 年版,第 219 页。

前,而是历经汉唐、五代、宋、明、清等封建社会历史时期得到了发展,比较重要的两种发展形式就是中国传统宗教主要是佛教对和谐思想的糅合以及宋明理学和心学对和谐思想的分流。这一部分,我们将主要考察和谐思想在宗教中的融合与宋明儒学中的分流。

（1）和谐文化思想在佛教文化中的融合

佛教是中国传统宗教历史最为悠久的宗教之一,是中国传统文化"儒释道"的一支,对中国传统文化和中国封建社会、政治生活产生了极为深远的影响。

历史文献记载,佛教最早在秦汉时期就已传入中国,今天位于河南省洛阳市东 12 公里处的白马寺就是中国历史上兴建的第一座佛教寺院。佛教传入中国后受到了中国传统儒家、道家以及其他学派文化的深刻影响和改造,并在这里发芽、成长、壮大,形成具有中国特色的佛教文化,与儒道两家一起奠定了中国传统文化的基本格局,在汉唐时期开始逐渐成为中国的官方宗教并一直持续到以满清政府的倾覆为标志的中国封建社会的解体。形成于春秋战国时期各流派的和谐文化观念在中国佛教文化中得到了融合,佛教的和谐理念在充分吸收了儒家的仁爱和谐和道家的自然和谐之基础上形成了一种以陶冶心性、倡导众生平等和谐为核心内容的和谐文化观。佛教的和谐理念基本上包括身心和谐、人与人的和谐以及人与自然万物的和谐三个方面。佛教要求人们戒除贪、嗔、痴"三毒",即贪婪的欲望、内心的愤恨和心智的愚呆,要人们陶冶身心、平整心态、净化心灵,将一切的污秽、焦烦、罪恶、狂妄、贪痴、邪思等有毒有害的观念排除到心灵之外,这样才能够调节身心,健康而快乐地生活,这是倡导人的身心和谐。佛教主张的"六和敬",也就是其教徒生活的六大准则,分别是:身和同往,语和无诤,意和同悦,戒和同修,利和同均,见和同解,这不仅是规范佛教徒的清规戒律,更是处理人与人之间关系的六大准则,只有做到身和、语和、意和、戒和、利和、见和,才能够达到人与人之间的平等宽容,不贪不恶,不欺不诈,和谐共处,其核心就是一个"和"字。在人与自然万物的和谐上,佛教提倡的是慈悲为怀、众生平等。佛教认为宇宙中的万事万物都是平等的,大到每一个人,小到一片树叶、一只蚂蚁,因此要以一颗慈悲之心对待外物,鄙视一切战争和杀戮。佛教主张不杀生、多吃素食,因为被人们杀害用以提供肉食的所有的动物跟人都具有平等的地位,其第一大戒就是"戒杀",因此佛家弟子不穿皮衣裘袄,甚至绫罗绸缎,只穿布衣草鞋,因为皮衣裘袄来自动物的毛皮,而丝绸则来自蚕的身体。佛教中所设想的西方极乐世界就是一种对和谐社会的向往,那是一片净土,是一个与充满邪恶和斗争的污浊的此岸世界完全不同的彼岸世界,在那里和谐的氛围充斥着一切空间。我们可以看到,佛教的和谐文化理念是极为彻底和全面的,因为它涵盖了一切生灵。

(2)和谐文化思想在宋明时期的分流

宋朝的建立结束了五代十国分崩离析的社会分裂局面,进一步在国家统一的基础上加强了专制主义中央集权,尤其是皇权得到了前所未有的巩固。社会思想文化在严格、死板的贵族宗法制度阴影的笼罩之下出现了某种停滞不前的趋向。另一方面,新型开明的资本主义取代落后腐朽的封建主义是人类历史发展的大势所趋,中国在宋明时期已经出现了商品经济的萌芽。两股力量分别代表了两种不同的社会发展思路,同时也导致了在思想文化领域的两种哲学发展思维,和谐思想在这一时期的发展也不得不沿着这两条线路开始分流。一条线路固守"不和乃和"的"天下不易之理"和"无所逃于天地之间"的中庸之道；另一条则主张"天地以和顺为命，万物以和顺为性"，走"权无主辅"、"不畏其争"的抗争之途，这两种和谐思想的发展趋向是分别由理学和心学来引领的。

第一，宋明理学的和谐观。

宋明理学的代表人物有周敦颐、"二程"和朱熹，他们所倡导的是一种泯灭活力的天道不变的和谐观。周敦颐首先将万物的生化和谐发展到了一个新的层次，指出："二气五行，化生万物。五殊二实，二本则一。是万为一，一实万分。"①即阴阳二气和金木水火土五行化生了世界上的万事万物，这里说出了事物的多样性中包含着统一性，统一性中又蕴含着个体差异性的辩证法思想。其次，周敦颐认为"天下之众，本在一人"②，由此出发便决定了万众归顺最高统治者的社会等级秩序，"阴阳理而后和。君君臣臣，父父子子，兄兄弟弟，夫夫妇妇，万物各得其理，然后和"③。这种不同身份类型的人各司其位、万物各得其所的"合理性"就在于"万一各正，大小有定"④，即统治者和被统治者都有因之天理而既定的等级，既要"存天理"，也要"主静"、"慎动"，即"灭人欲"，人们都要按照封建等级秩序和伦理道德标准来规范自己的言行和思想。

程颢、程颐并称为"二程"，曾师从于周敦颐，是理学的重要代表。"二程"不仅看到了事物无一例外地都有正反两面，都处于普遍的对立之中，而且他们更强调事物和谐相成的一面，"才有一二，便

---

① ［宋］周敦颐撰、徐洪兴导读：《周子通书》，上海古籍出版社2000年版，第38页。
② 同①，第36页。
③ 同①，第36页。
④ 同①。

有一二之间,便是三,已往更无穷。老子亦曰:'三生万物'。此是生生之谓易。理自然如此"①。"三"便是对立面的结合,代表着事物的和谐,"一二而合为三,三见则一二亡,离而为一二则三亡"②,对立面的结果就是产生了"三",事物达到了和谐状态,对立也消失了。"二程"进一步指出"礼只是一个序,乐只是一个和"③,即是说和谐状态就潜藏于封建等级秩序之中,父子君臣的纲常伦理是天下之定理,是不能够改变的,只能遵循。

南宋朱熹是理学的集大成者,发展了"二程"的思想,提出了"不和乃和"的和谐论。人们之间的等级差别是由天理而前定了的,"各得其利,便是和。若君处臣位,臣处君位,安得和乎!"④君臣各司其位各守其职就是和谐,并严格地指出了尊卑大小不可冒犯和不可改变,"万物各得其理"才能够达到和谐。这实际是与儒家所恪守和倡行的"三纲五常,礼之大体,三代相继,皆因之而不能变"⑤的伦理道德观念内在一致的。

第二,宋明心学的和谐观。

在"二程"、朱熹等唯心主义理学家极力论证天道不变、循三纲五常之规、遵封建伦理道德之矩的同时,以王安石、张载、王夫之等为代表的唯物主义思想家却与"存天理"、"灭人欲"的天道和谐观唱出了反调儿,走上了完全对峙的一条路线。

王安石是北宋改革派的主要代表人物,他废行旧规,施立新法,

---

① 潘富恩导读:《二程遗书》,上海古籍出版社 2000 年版,第 277 页。
② 同①,第 209 页。
③ 同①,第 276 页。
④ [宋]黎靖德编:《朱子语类》第五册,中华书局 1986 年版,第 1707 页。
⑤ [宋]朱熹著:《四书章句集注》,中华书局 1983 年版,第 57 页。

不仅为封建社会政治生活的死板风气增添了新鲜的血液,而且在思想文化上也有许多新的创见,开拓新求变的一代新风。王安石发展了五行生化和谐观,是历史上对"行"做了发展之规定的第一人。他说:"五行也者,成变化而行鬼神,往来乎天地之间而不穷者也,是故谓之行。"①其意指将五行看作是天地之间运动不息、变化不穷的东西,并且支配和规定着鬼神的活动,这就从发展变化的角度对万物所由的本体和原因做了规定和考察,其中已经蕴含了较丰富的辩证思维。由此,他的矛盾观点也是一种辩证的矛盾观,他认为"道立于两,成于三,变于五"②,天道蕴于阴阳二气之中,阴阳交合相生而产生新事物"三","变于五"就是指五个奇数和五个偶数相互配合而产生各种变化,表明事物存在于对立统一之中,并且既从统一性中看到了多样性,又从多样性中看到了统一性。

作为"北宋五子"之一的张载,最突出的理论贡献就是提出了唯物主义气本体论,用"气"来解释万事万物生生运变不息的根源。"游气纷扰,合而成质者,生人物之万殊。其阴阳两端循环不已者,立天地之大义。……天大无外,其为感者,絪缊二端而已。"③我们看到,张载认为"人物万殊"都是气合而成质的表现,我们所生之于其中的广延无限的天地寰宇不外乎就是阴阳二气的交感生化而已。张载也对事物内部的对立统一性质做了研究,认为作为万物终始的"气"包含着内在的矛盾,"两不立,则一不可见;一不可见,则两之用息。两体者,虚实也,动静也,聚散也,清浊也,其究一而已"④,事物

① 《四库全书荟要》第 83 卷(《临川集·洪范传》,吉林人民出版社 1999 年版,第 547 页。
② 同①。
③ 李峰注说:《正蒙》,河南大学出版社 2016 年版,第 87—89 页。
④ 李峰注说:《正蒙》,河南大学出版社 2016 年版,第 86 页。

都暗含着作为对立面而存在的"两",而"两"的存在又是不能离开二者之统一的"一"的,而后者又是以前者的存在为其自身存在的依据的,其中任何一方的停止都会造成另一方的停止。"气本之虚则湛本无形,感而生则聚而有象。有象斯有对,对必反其为;有反斯有仇,仇必和而解"①,从这里我们可以看到,气聚有象,万象之中包含着矛盾之对立,而对立的最终结果就是矛盾双方经过一系列的转化之后达成和解,但是并没有表达出事物从旧质到新质的飞跃,有变化而无发展,这是他和谐思想难以掩饰的最大缺陷。

明末清初的王夫之终结了宋明道学,在和谐思想上也有很多独到见解。王夫之最难能可贵的是敢于开天下先,他离开了影响中国思想文化近两千年的八卦之学以"乾"为首的观点,提出了乾坤无先无后、"权无主辅"的固定模式的主张,认为乾坤、主辅的地位具有相对性,二者可以沿着相反的方面相互转化,这不仅是对传统思想的一个挑战,更是对理学天道不变、纲常不变的封建道统的背离。他不仅看到事物的矛盾,且更加看重矛盾双方的统一,"天下之变万,而要归于两端,两端生于一致"②、"天地以和顺而为命,万物以和顺而为性"③,突出强调和谐、一致、调顺是万物的根本属性,因此人们都应该正确认识和评价矛盾,善于从事物的对立之中把握统一。

(三)中国传统文化和谐思想的历史作用

中国传统文化中的和谐思想具有极大的普遍性,从人和宇宙之

---

① 李峰注说:《正蒙》,河南大学出版社 2016 年版,第 88 页。
② [清]王夫之著:《老子衍·庄子通·庄子解》,中华书局 2009 年版,第 5 页。
③ [清]王夫之著:《周易外传》,中华书局 2009 年版,第 248 页。

关系的"天人和谐"到统治者经世治国的"协和万邦",再到每一个个体日常生活中的"温、良、恭、俭、让",尽管和谐具有浓重的理想主义色彩,但是和谐理念的追求毕竟是建立在对现实社会诸种不和谐状态的体察与对理想的大同小康社会的向往之基础上的,其目的就是要克服人与自然、人与社会、人与人之间的矛盾和对立状态,因此它在人们的经济生活、政治生活与社会生活的方方面面都发挥了巨大的精神引导、道德规范与价值指向作用。

首先,中国古代文化和谐思想从根本上为人们的安身立命提供了根据。中国古代和谐思想的基础也是最高准则就是天人合一或叫天人相通。所谓天人合一,意指天道与人道是相互勾连和贯通的,一方面表现在:儒家的天命之说从道德意义上规定了人性天授,"天命之谓性,率性之谓道,修道之为教"①,也就是世人修道养德的根据在于天命所授,天性之本质规定了人性之本质,而天性是恒定的、是最高的法则,这也就为人性之说提供了客观依据。另一方面,中国古典医学从物理的意义上论证了天人相通的内涵,天圆地方,头圆足方;天有日月,人有两目;天有四时,人有四肢;地有十二经水,人有十二经脉⋯⋯天人同构,天人划一,这就从根本上为人们生命的运转、道德的修守提供了根本依据,不仅构成了先民们对宇宙、社会、人生的认识论依据,也构成了先民们安身立命的存在论根据。

其次,人与自然的和谐共生巩固了封建国家的小农经济基础。如何处理人与自然的关系一直是人类面临的重要课题,不同国家、民

①　王国轩译注:《大学·中庸》,中华书局 2006 年版,第 46 页。

族,不同的历史时期,统治者和思想家都为解决这个问题做出了积极的探索,因为它关系到作为主体的人该如何从自然中获取物质生存资料。《中庸》的主张就是使天地万物以本身固有的正常秩序运转和发育,而人性的最高境界在于"与天地参",即人要与宇宙生命共同生长变化,这样就克服了人完全沦为自然界的奴隶与人完全征服、战胜自然两个极端,一方面尊重自然事物生长变化规律、不违农时、合理进行农事生产,使改造自然的活动良性循环,保证了物质生存资料的不断获取,维护了封建国家的小农经济基础,另一方面也避免了由于人的过度开采而造成的自然界对人的报复。

再次,建立在尊卑贵贱、上下有序之差异基础上的君臣和谐、君民和谐等政治和谐理念维护了古代封建政治统治的权威和社会的稳定。儒家的三纲五常理论自西汉董仲舒罢黜百家、独尊儒术以降,一直到中国近代封建社会解体,两千年的历史进程中几乎一直占据着封建中国官方的主流意识形态,它不仅是道德律令的基础,也是统治者治国理政的根本依据。封建纲常伦理在君臣关系上主张君义臣忠,所谓"君义",指天子对待臣子要符合"礼"的规范,要以精诚、仁慈、信义待下,要宽严得体,同时由于天子直接上承天意,因此要为臣子树立良好的榜样,天子犯法与庶民同罪;所谓"臣忠"是指臣下要以道事君,不犯上作乱,有犯无隐,恪守人臣本分,尽忠职守,时时处处为江山社稷尽职尽责、维护国家利益,这不仅仅是对"君"的忠敬,更是对天道的守护。君对臣以礼,臣对君以忠,君义臣忠的纲常礼教法则在中国古代各个历史时期都起到了一定的维护政治稳定的作用,促进了大一统国家治世局面的出现。此外,君民和谐思想也在一定程度上维系了社会的良性运转。中国古代君民和谐思想集中体现在民本思想上,儒家主张为君者要对臣民负责,把爱民、惜民、富民作为其执政治国的第一要务,"道千乘之国,敬事而信,节用而爱民,使民以时"①、"民为贵,社稷次之,君为轻"等都体现了先贤们充分考虑到人民大众的利益和要求。君民和谐的第二个方面就是庶民安政,积极维护统治者的统治,各安其位,忠君爱国,君民和谐为社会和谐提供了政治保证。在家庭关系上,纲常伦理还规定了父慈子孝、兄友弟恭、夫义妇顺、朋友有信,在人际关系上主张仁义礼智信,这些和谐思想资源以天人合一作为根本的约束力保证了传统社会的健康秩序和良性运转。

最后,中国传统文化和谐思想资源为中国历史留下了一笔宝贵的精神文化遗产,为当代建设中国特色社会主义和谐社会提供了理论来源和精神给养。中国传统文化和谐思想贯穿在人们生产生活的方方面面,对中国人思想的影响是深刻而久远的,作为一种思想文化,一方面在世界文化舞台上流光溢彩,展示中华传统文化的良好形象,助力我国文化软实力的提升,为全人类的发展进步提供文化参考,另一方面它的好多论点不仅仅对当时的政治统治和社会发展起到维系和促进作用,在当代仍然具有较高理论价值和实践价值。今天我们大力促进经济、政治、文化、社会、生态和谐发展,提倡构建社会主义和谐社会,追求民主法制、公平正义、诚信友爱、充满活力、安定有序、人与自然和谐相处的价值目标,实际上是在新的历史时期,在更高级的意义上对中国传统社会以"大同小康"理想社会图景为终极追求的和谐思想的复归,中国传统文化和谐思想资源之

---

① 肖卫译注:《论语》,中国文联出版社 2016 年版,第 3 页。

精华部分对今天中华民族伟大复兴具有巨大的借鉴意义和参考价值。

任何事情都要辩证地看,恩格斯曾经说过,科学的辩证法在对世界进行肯定的理解的同时也包含着对世界否定的理解,即必然灭亡的理解,任何事物都由于其自身的局限性而不断自我否定、推陈出新、不断发展完善。内在于中国封建社会君主专制主义中央集权国家意识形态的传统文化和谐思想,尽管内含着以上伟大的历史作用,但是其显著的阶级局限性使得和谐文化、和谐社会的价值理想难以成为现实。一方面,封建小农经济基础决定了中国社会农民占人口的绝大多数,由于其社会地位的低下、阶级地位的渺小、负担的沉重、生活的疾苦,追求和谐是广大人民尤其是农民梦寐以求的美好愿景,但是这种美好愿景无不受到其被剥削被压迫的阶级属性的牵制,"朱门酒肉臭,路有冻死骨"的境遇在剥削的封建社会不会消除。另一方面,当和谐的思想价值理念由一般的社会心理上升为封建地主阶级的社会意识形态的时候,尤其是在汉代董仲舒罢黜百家、独尊儒术以后的千百年漫长岁月里,和谐思想的存在、运演就一直为了迎合统治阶级的需要而存在。无论统治者如何努力、如何冠冕堂皇地宣传君臣和谐、君民和谐、社会和谐,其最终目的都是为了稳定社会秩序、维护自己在劳动资料占有和产品分配中占优势的地位,统治者和被统治者之间的阶级矛盾根本上不可能消除,因此,中国古代封建社会不可能实现真正的和谐,但是传统和谐思想为我们今天发展和谐文化、构建和谐社会提供了内涵丰富、意蕴深远的价值参考,在新型社会关系的框架下实现社会和谐是今天人民民主专政国家的现实目标,也是我们的工作。

二、西方文化中的和谐思想资源

　　和谐世界、和谐社会是几千年来全人类孜孜以求的共同理想,当和谐理念在曾经为世界贡献了优秀思想和灿烂文化的古老东方古国形成、发展、完善的同时,西方世界也以其自身独有的方式对和谐文化进行了艰辛的探索。从古希腊传统世界先哲圣贤的世界本体思维,历经中世纪的教父哲学和经院哲学、近代启蒙思想,一直到当代以人本主义著称的法兰克福学派,和谐的理念绽放出了多彩的光芒并结出了丰富的果实,表征在自然和谐、社会和谐、制度和谐等多个侧面。尤其值得提出的是,科学社会主义的创始人马克思、恩格斯以其睿智的眼光和高尚的胸怀,从寻求全人类解放的角度使得和谐思想理念与其完备的思想理论体系一道开花结果,把对和谐的探索置于人的自由本质的复归、共产主义的实现的逻辑进程当中,深刻地改变了世界的面貌,推动了世界历史的发展进程。

(一)自然和谐思想

　　古希腊时期可以被看作西方文明的发端和奠基时期,同中国古代春秋战国一样,成为人类思想文化发展史上的"轴心",为思想的发展和世界的进步做出了举世瞩目的伟大贡献。这一时期的思想家大都着眼于对世界本体的探讨和宇宙万物终极原因的解释,他们的和谐思想就蕴含在这些讨论之中。

　　古希腊时期最早就和谐思想进行研究和解释的是毕达哥拉斯学派,其代表人物是毕达哥拉斯,他的和谐观是一种数的和谐观。毕达哥拉斯认为万物的本原是数,数的元素就是万物的元素,和谐就表现在对立统一的数量关系之中。"每一个数都与奇偶这组对立有关,都是奇偶两个对立方面的统一,而奇偶两个对立方面的统一就是和谐。"①由奇偶两个对立的方面的统一所达到的和谐是万事万物的内在生成机制和外在表现与存在状态,这不仅适用于具体有形的可感事物,而且也适用于抽象的事物。音乐也是不同的声音结合在一起而形成的一种和谐,音乐的和谐也是由数的关系所规定的,他说:"音乐是对立因素的统一,把杂多导致统一,把不协调导致协调。"②抽象事物例如美德、灵魂等都是由数的对立统一产生的和谐,他曾经用"美德乃是一种和谐"、"友谊是一种平等的和谐"、"爱情也是和谐的"等语言来描述人的内在精神层面的和谐。此外,毕达哥拉斯还给出了宇宙星体之间也符合和谐关系的结论,他说:"十个星球和一切运动体一样造成一种声音。而没一个星球各按其大小与速度的不同,发生一种不同的音调。这是由不同的距离决定的,这些距离按照音乐的音程,彼此之间有一种和谐的关系。"③从个别事物的和谐上升到整体宇宙空间的和谐,尽管"天体音乐"说带有某种古老神秘的色彩,但是毕达哥拉斯看到星体大小与运行速度都符合一种特定的和谐关系,这已经与现代天文学所探测和证明的安全稳定的地球宇宙环境如出一辙,其进步意义可想而知。

继毕达哥拉斯学派之后对和谐思想做出论及的是赫拉克利特。赫拉克利特被称为辩证法的奠基者,因为他认为世界是一团永恒的

---

① [德]策勒尔:《古希腊哲学史纲》,翁绍军译,山东人民出版社1992年版,第385页。
② 朱光潜:《西方哲学史》上册,人民文学出版社1979年版,第17页。
③ [德]黑格尔:《哲学史演讲录》第1卷,上海三联书店1956年版,第241页。

活火,在一定分寸上燃烧,又在一定的分寸上熄灭,又认为人不可能
两次踏入同一条河流,这样具有条件性的火本原说和过程性的万物
流变说中包含着事物运动、变化、发展、对立与统一的丰富辩证法思
想。赫拉克利特的和谐观也因此可以被概括为一种辩证的和谐观,
他的和谐思想的核心就是事物在彼此对立中产生和谐。"相互排斥
的东西结合在一起,不同的音调造成最美的和谐,一切都是通过斗争
所产生的。"①这种从对立中产生和谐的思想可以从自然生物现象到
艺术、社会现象等一切现象中得到证明,他说:"自然也追求对立的
东西,他是从对立的东西中产生和谐,而不是相同的东西中产生和
谐。……艺术也是这样造成和谐的,显然是由于模仿自然。……音
乐混合不同音调的高音和低音、长音和短音、从而造成一个和谐的曲
调。"②对和谐的考察继续深入,从看得见的和谐引申到隐藏着的和
谐,"隐藏的和谐比看得见的和谐更好。对立带来协调,最美妙的和
谐出自于不协调。只有在变化中,事物才能找到自己的静止。人们
不明白,那些和他自己有分歧的,怎么又会和他自己相一致。在弯曲
的脊背中有和谐,就像琴弓和琴弦的关系一样。琴弓的名字是生命,
但他的工作是死亡。"③由此我们可以看到,与毕达哥拉斯相比,赫拉
克利特更加强调事物的和而不同,从有形的和谐到无形的和谐、从表
面的和谐到隐藏的和谐、对立中产生和谐而不是统一中产生和谐的
思想也更加深刻有力,他的关于和谐和统一是暂时的、相对的对立和
斗争是普遍的、绝对的思想也是对毕达哥拉斯片面强调和谐统一主

---

① 北京大学外国哲学史教研室:《古希腊罗马哲学》,商务印书馆 1961 年版,第 19 页。
② 汪子嵩:《希腊哲学史》第 1 卷,人民出版社 1988 年版,第 401 页。
③ [印]奥修:《隐藏的和谐——关于赫拉克利特断篇的讲演》,何文珊、顾瑞荣译,上海三
联书店 1996 年版,第 1 页。

张的改进,对后来者的思想也产生了较为深远的影响。

柏拉图是古希腊思想史上对和谐问题表述得最为具体和充分的哲学家,他把其师的思想发扬光大并进行了体系化的改造,他的理念论与理想国的思想对后世西方的思想发展产生了极为深远的影响。在和谐观上,柏拉图可谓是既保留了毕达哥拉斯和赫拉克利特思想的闪光和进步之处,同时又克服和排除了二者侧重于调和一致和侧重于对立冲突的片面性,综合两家之长回避两家之短从而做出了自己对和谐理念的解释。柏拉图的和谐观表现在对和谐含义本身的理解上。他给"和谐"一词下的定义是:"和谐就是协调,协调就是一种互相和合","音乐的艺术就是协调高音和低音的冲突,从而创造出和谐"。① 从这里可以看出和谐就是冲突调和了之后的产物,包含着两层含义,一是冲突与和谐有着明显的边界,冲突不等于和谐,当事物或对立双方处于冲突状态的时候那就是明显的不和谐,和谐是冲突和对立得到调和之后的产物;二是冲突是和谐必备的构成要素,和谐来自冲突的彼此融合。因此,这个主张就克服了单纯将和谐等同于一致和单纯将和谐等同于冲突的理论缺陷,使和谐理论得到了一定程度上的完善。

(二)社会和谐思想

如果说,柏拉图以前的思想家主要从本体论追问的角度以为天地宇宙万事万物寻找一个终极原因和根据的方式阐述了自然和谐思想,包括柏拉图对和谐概念本身的理解,那么从开始一直到近代启蒙

---

① 《柏拉图对话集——会饮篇》,王太庆译,商务印书馆2004年版,第288页。

思想家们都以自身的方式和哲学视角给出了对社会和谐思想的定义。

1. 柏拉图"理想国"中的和谐理念

柏拉图的社会和谐观体现在他设想的理想国之中,理想国是他心目中的和谐社会。柏拉图从善的理念出发设计了一套将哲学王和统治者融为一体的理想政治制度和国家形态,认为既然整个世界都是从善的理念而来并受到善的理念的支配,那么掌握了善的知识的人即哲学王理所当然地应该成为国家的统治者和主宰,只有这样才能实现社会的良性运转。他认为,人的灵魂由三部分构成,分别是理性、意志和欲望。与人们的这三种灵魂成分相对应,理想的国度就应该有四种美德:智慧、勇敢、节制和正义。理性是灵魂的最高级层次,理性的美德就是智慧;意志在灵魂中处于中间层次,要根据他人的命令来作出行动,因此它的美德是勇敢;而欲望在灵魂中处于最低级的层次,不合理的欲望如果得不到克制就会损人害己,因此欲望的美德是节制。与此相对应,理想的国度里面有三个阶级,分别是统治者、保卫者和劳动者,并认为三个等级的人分别是神用金、银和铜铁做成。智慧为统治者所有,他们凭借智慧来治理国家;勇敢为保卫者所有,因为军队需要勇敢的意志;节制则为劳动者所有,因为他们要凭借着节制的美德而勤奋工作。当三个等级、三类人群都恪守自己的德行,各司其职,各得其所,将分内的事情做好,这时"正义"的美德就实现了。"正义"是最高的品德,它不仅代表着人们灵魂的自然和谐状态,也代表着整个国家的社会和谐状态。因此,某种程度上可以认为,在柏拉图这里,和谐就是"正义"品德的实现,它以智慧、勇敢、节制的实现为其前提和基础。尽管理想国的设计有很多的局限性,例如他把人天生就视为不平等的,但是在当时的时代,理想国确实表现了哲学家们对和谐世界的向往以及对和谐社会的追求,并深刻引领了和谐文化的思想发展进程,其进步意义不能不说是十分巨大的。

2. 中世纪基督教哲学的和谐思想

与中国传统文化中的和谐思想在汉唐以后染上了佛教的色调一样,西方传统文化中的和谐理论在中世纪的漫长时间里面也交融在基督教神学之中,这是由中世纪发展特点决定的。西方社会从公元5世纪到公元15世纪的一大段时间被称为中世纪时期,这一时期也被看作是思想文化发展史上的黑暗时期,因为这段时间里面几乎没有纯粹的哲学思想问题,哲学就是基督教神学,哲学家也就是神学家,整个社会都在教皇的专制统治之下笼罩在一片灵肉对立、倡导唯灵主义的神秘空气之中。中世纪的思想进程也可以划分为前后两个阶段,即早期的教父哲学阶段和后期的经院哲学阶段。两者的最大不同在于前者单纯依靠狂热的信仰来达到对上帝理性的确定,以反理性的神秘信仰作为基本点;而后者则主张通过逻辑论证来确定真理,但是都不能偏离神学的范围,无论通过天启还是通过逻辑论证,对上帝的信仰都是颠扑不灭的社会主题,正统的神学教义支配着一切社会生活。奥古斯丁和托马斯·阿奎那分别是教父哲学和经院哲学的代表人物,我们在这里就对此二人的和谐理念作以简要的考察。

奥古斯丁是利用神学的观点对世界的统一性和多样性进行论证的,上帝创世说是基督教神学思想家的理论前提,"宇宙间除了上帝以外,没有任何存在者不是由上帝那里得到存在。"①上帝不需要原

---

① 北京大学哲学系外国哲学史教研室:《西方哲学原著选读》上,商务印书馆1981年版,第219页。

因,其本身就是宇宙的终极原因,它规定了除上帝外的一切事物存在的根据和原因,上帝是至高至真的,他以永恒不变的法则主宰着宇宙万物,宇宙万物均不可违抗上帝的旨意,上帝使人们的肉体服从于灵魂,又使灵魂和其他一切事物服从于他自己。正因为上帝规定了宇宙世界的秩序,那么人以及其他宇宙万物只有服从了上帝、遵循了上帝所确立的永恒法则之后才能处于和谐的状态之中。此外,基督教秉承原罪说,认为人生来就是罪恶的,先验地具有罪性、邪恶的本质和必死的命运,因此主张人都应该来到神面前积极忏悔,只有得到上帝的宽恕才能得到灵魂的救赎,由此奥古斯丁所设计的"上帝之城"就是他理想中的和谐社会,上帝之城是灵魂得到拯救和升华的结果,现实中的代表物就是教会,象征着和谐与美好;与此对应的是世俗之城,即撒旦的领域,充满了邪恶和罪行,是不和谐的渊薮。

托马斯·阿奎那尽管对哲学与神学做了明确的区分,但是他把哲学沦为了神学的"婢女",因此仍然以神学原则来确定世界的统一性与和谐性的问题,追求共同体的整体和谐是他的社会政治理想,途径就是通过协调宗教权力与世俗权力的关系来实现社会的和谐,但宗教权力要永远高于世俗权力。

3. 西方近代思想家对和谐思想的探索

西方社会历史走到了 16 世纪,经历了中世纪漫长的宗教神学垄断思想文化控制社会生活的现实境况便走到了终点,西方文明在黑暗中迎来了科学理性的曙光,开始起航。从 16 世纪到 18 世纪的三百多年里面,不仅在意大利和南部欧洲爆发了倡导人文主义的文艺复兴运动,在北欧日耳曼语世界出现了宗教改革,而且在法国爆发了以科学和民主为旗帜的启蒙运动,涌现出了大批优秀的近代思想家,这里选取几个典型人物的和谐思想进行考察。

作为自然法学派的重要奠基人物,英国思想家霍布斯首先从自然状态的角度发出了呼唤人与人之间和平共处的声音。他认为在国家产生之前,人们处于自然状态,依据自然法而享有各种诸如生命权、对物品的所有权等天赋权利。然而受到利己主义心理的支配,人们为了保护自己的权利不受到影响和破坏,满足自己的欲望,便最大限度地对物品实行占有,由此使人群之间产生矛盾和斗争。霍布斯认为:"自然法的第一条原则就是:用一切手段(包含战争)来寻求和平与自卫;由此推出的第二条原则就是:为了和平与自卫,人们宁愿主动放弃对一切事物的权利。"①人们采取相互订立契约的方式将自己的权利转让给一个"第三者",这样就导致了国家和法律的产生,国家和法律的统治作用使得原来由于个人权利膨胀而造成的斗争状态在君主统治的框架内得到缓和,社会实现和平。

荷兰思想家斯宾诺莎的和谐观是最为完整的,基本上涵盖了人自身和谐、人与自然和谐、人与社会和谐以及人与人和谐的各个方面。首先,斯宾诺莎提出了身心和谐思想,身心和谐关系到人的全面发展,为了达到身心和谐就必须正确处理好物质和精神、理智和情感之间的关系。物质追求是人身存在的基础,但不是生活的全部,人生还需要精神追求,在于精神家园的丰富和繁茂。由于情感和欲望是造成人的奴役状态的根源,只有克服非理性的情感和不合适的欲望才能使自身得到自由,身心和谐发展。其次,斯宾诺莎认为人与自然是统一的生命整体,神即自然,是万物由以产生的原因,因此人们应

---

① 邓晓芒、赵林:《西方哲学史》,高等教育出版社 2005 年版,第 133 页。

该遵从自然的必然性,顺应自然的规定,使生活与自然和谐统一才能过得安宁而快乐。再次,斯宾诺莎注意到了人与社会的和谐,由于自然状态中人的自由权利不是理性而是欲望和力量决定的,因此"就要在理性的指导下,人人转让自己的一部分权利,组成社会,建立国家,使人从自然状态进入社会状态,按照全体的共同意志生活。个人服从国家的法律,维护国家的权威,而国家凭借这种权威保护个人的利益,使人与人之间和谐共处"①。最后,斯宾诺莎还提出了避免憎恨、轻蔑、嘲笑、愤怒、嫉妒等恶劣品质的人与人之间的和谐,以促进人类的友谊,增进公共福利。

德国唯理论哲学主要代表人物莱布尼茨提出了"前定和谐"的思想,他把没有广延、没有部分、没有量的规定的真正单一不可分割的实体称为"单子",世界万物都是由单子构成的,单子具有不能以自然方式合成或解散、没有可供进入的"窗子"、精神性而不是物质性实体、没有量的差别只有质的差别等特点,这就造成了一个问题,即彼此独立的单子都根据内在固有的原则和方式孤立地运动变化,那么如何能够保证由单子所构成的天地人宇宙系统的各个要素之间保持协调和一致? 莱布尼茨认为上帝最初在创造每个单子的时候就把能够保证单子和谐运行的程序植入了单子里面,这就好比是一个极其高明的钟表匠所制造出来的每一块钟表不用调节就能够在任何时候保持相同的刻度一样。莱布尼茨好用一个乐队的例子来解释他的前定和谐思想,在一个交响乐团里面,每一个乐曲家都按照自己的乐谱来演奏,然而结果却形成了一支美丽和谐动听的交响曲,这是因

---

① 张小平、张建云:《和谐文化建设的理论与实践》,人民出版社 2007 年版,第 24 页。

为作曲家预先就写好了乐谱,各个演奏者都按照"前定"的乐谱来演奏。这样,在由无数的单子构成的整体宇宙中,上帝就如同交响乐队中的作曲家,"彼此孤立的各个单子正是根据上帝的前定和谐来进行各自的自然变化,从而既使得每一个单子都向着更高的知觉状态运动,也使得整个单子世界保持了一种有条不紊的秩序"①。

18 世纪最为重大的思想文化运动就是启蒙运动,启蒙思想家们继承了文艺复兴以来的反对基督教神学、恢复人的尊严和价值的流风,弘扬理性、进步、社会契约、公民福祉等理念,并直接引发了该世纪最重要的政治历史事件法国大革命。启蒙思想家们以其时代的眼光和远见卓识,对人类历史发展过程中的和谐与不和谐进行了深刻的探索与反思。伏尔泰认为,在基本的人性方面,每一个人都是平等的,都平等地享有自由、财产等权利,而这些自由都是建基于"自然法"的原则基础之上,"既不在于使别人痛苦,也不在于以别人的痛苦使自己快乐",在这一基础之上建立起来的社会秩序和法律就能够保证国家内部的总体和谐与稳定,公民就能够享受到文明和谐的生活状态。孟德斯鸠认为,人类由于有了以和平、自保、爱他人、趋向群体生活为主要内容的"自然法",脱离了原始的自然状态而进入了社会生活状态,但是"作为一个智能的存在物来说,人是不断地违背上帝所制定的规律的,并且更改自己所制定的规律"②,这样原始自然状态的自由平等状态就会被打破而进入彼此冲突的战争状态,这时候就需要人为法的约束与制衡,政治和法律应运而生。孟德斯鸠进而区分了三种政体:专制政体是培养暴君的温床,而共和政体以其

---

① 邓晓芒、赵林:《西方哲学史》,高等教育出版社 2005 年版,第 163 页。
② [法]孟德斯鸠:《法的精神》上册,张雁深译,商务印书馆 1993 年版,第 3 页。

执政者的权力容易被野心家篡夺而不能保证长治久安,最好的政体形式是君主立宪制,立法、行政、司法三权分立可以最大限度制衡君主权力以实现人民自由安定和谐,保证社会长治久安。卢梭第一个看到并且冷静地反思了人类文明中的"异化"现象,认为人在原始的自然状态中是自由的、和平的与平等的,而正是文明的进步、生产力的发展、社会物质财富的增多和社会分工的产生导致私有制的产生,人的自然状态中的自由平等的状态被葬送了,他在《社会契约论》中说道:"人是生而自由的,又无往不在枷锁之中。自以为是其他一切的主人的人,反而比其他一切更是奴隶。"①农牧业的发展导致的私有制的产生使人类披上了不和谐的枷锁,文明进步的历程是痛苦的,"人类所有的进步,不断地使人类和他的原始状态背道而驰,我们越积累新的知识,便越失掉获得最重要的知识的途径。这样,在某种意义上说,正因为我们努力研究人类,反而变得更不认识人类了"②。由于人已经不能够回到最初的原始状态,因此其解决办法就是找到一种形式来保护人们的天赋自由的权利,这种形式就是订立社会契约。与孟德斯鸠不同的是,卢梭最看好的是民主共和制,只有民主共和制才能切实保障每一个人的自由,实现社会的平等和谐,公民服从法律就是服从"公意",也就是服从自己的意志。

(三)空想社会主义的和谐制度思想

　　以圣西门、傅立叶、欧文为代表的英法空想社会主义者的学说成为马克思主义的三大理论来源之一,他们的和谐社会制度的理想无

---

① ［法］卢梭:《社会契约论》,何兆武译,红旗出版社1997年版,第11页。
② ［法］卢梭:《论人类不平等的起源和基础》,李常山译,商务印书馆1962年版,第63页。

疑对马克思、恩格斯的思想形成和构建给予了巨大的启示作用,而且在社会主义学说史上做出了重要的贡献,因此,在挖掘马克思、恩格斯的和谐文化思想资源时不能忽视空想社会主义者的和谐观念。

圣西门将社会主义社会看作是人类最完美的社会制度,每个人都可以享受高端的物质生活水平,国家也将失去政治统治的地位而成为社会生活的管理者和服务者,并认为社会和谐的基石是劳动人民的生产协作,只有劳动者一致行动地合作而形成协调合理的社会秩序才能实现和谐,因此社会主义社会要求"把一切工作安排得使劳动者能够自己学会组成真正的社会,能够彼此直接地和完全自由地交换各种劳动产品",以使"有益的工作不致紊乱"①。

傅立叶是最早提出"和谐社会"概念的空想社会主义者,他认为在社会体系内同在自然体系内一样存在着和谐的秩序,在对现实的不合理的资本主义制度进行揭露与批判的同时,他在《全世界和谐》一书中设计了"和谐制度"的构想。他认为,设置有和谐制度的社会由一系列的"法郎吉"构成,政治上的国家政权和经济上的城乡差别都将会消失,"法郎吉"是社会的基本构成单位,既承担有生产功能,又承担有生活功能,在"法郎吉"中人们可以根据自己的兴趣爱好和潜质选择所从事的工作,自由发挥自己的能力和才智,人人平等,有完善的公共服务体系和教育制度。傅立叶同时指出了发展社会生产力、创造物质财富对于建立和谐社会的重要性,在"和谐制度"的条件下,"生产量将是我们现在生产量的四倍"②,"把这种财富与增加

---

① 《圣西门选集》第 1 卷,商务印书馆 1979 年版,第 156 页。
② 《傅立叶选集》第 1 卷,商务印书馆 1982 年版,第 101 页。

的四倍的实际收入结合起来,财富甚至能够提高一百倍"①。此外,傅立叶也指出了和谐社会还意味着人际关系的平等和睦,人们在"普遍动力"即功利动力和"特殊动力"即心理动力这两种动力的推动下,使得集体内部和谐融洽的关系得到维护,这就是要"克服禁欲主义,认为和谐即社会成员公正平等的普遍幸福,意味着绝大多数人乃至广及人类全体物质生活的满足、精神生活的愉悦和人际关系的融洽"②,而这要得益于社会资本、劳动和人们的才智按照一定比例合理进行分配。

欧文不仅在理论上做出了对理想社会的设计,而且把对理想的和谐社会的诉求付诸了实践行动,在美洲进行了"和谐制度"的实验,他所建立的人人平等、财产公有的公社名称被称作"新和谐公社"。欧文坚持一种"环境决定人性"的理论,认为不合理的社会制度是造成人性罪恶的根源,而一套合理的社会制度就会带来完满的人格和理想的人性;不合理的制度也是造成人与人之间纷争和对立的原因,因此理想的制度应该把一切人的利益结合起来并最大限度地使其实现。在欧文的理想社会中,经济上实行生产资料公有制,在产品分配上实行"按需分配";政治上由社员大会直接选举产生执行理事会作为最高领导机构,管理社会经济事务;思想文化上进行德育教育,弘扬诚实守信、勤奋上进之风气。由于"新和谐公社"是建立在资本主义体系的包围之中,因此难逃失败的厄运。

尽管空想家们对和谐社会的理想进行了种种探索与实验,但是

① 《傅立叶选集》第 1 卷,商务印书馆 1982 年版,第 125 页。
② 邓伟志、胡申生主编:《和谐文化导论》,上海大学出版社 2007 年版,第 110 页。

由于他们的思想主张都是出自抽象的伦理道德和理性原则,建立在思维的逻辑分析基础之上,而不是从客观历史与现实出发对现实的社会政治经济状况进行解剖,探测不到当时资本主义社会的核心"痼疾",因此不能够提出一套行之有效的解决问题的方案和走向和谐社会的现实途径,正如恩格斯所说:"以往的社会主义固然批判了现存的资本主义生产方式及其后果,但是,它不能说明这个生产方式,因而也就制服不了这个生产方式;它只能简单地把它当作坏东西抛弃掉。"①而真正能够把和谐社会的构想付诸现实,并建立起具有强大生命力的社会主义社会的,是由马克思、恩格斯所开创的历史唯物主义学说并指导的科学社会主义革命与实践来完成的。

(四)马克思主义的共产主义和谐思想

19 世纪的德国思想界,不仅仅表现在古典哲学在康德、黑格尔和费尔巴哈思想体系中的终结,更表现在以历史唯物主义和科学的实践观为核心归旨的全新世界观的诞生,并且由这种世界观理论所指导的实践活动史无前例地、深刻地改变了世界历史的面貌,这种新的世界观的创始人就是马克思和恩格斯。作为马克思主义理论的创始人和国际共产主义运动的伟大导师,马克思、恩格斯将毕生的精力都投入到了无产阶级和全人类的解放事业之中。因此,马克思、恩格斯的和谐观融合于无产阶级的解放事业之中,他们的和谐文化思想资源丰富、深刻、全面而彻底,富于强烈的实践性,我们可以酣畅淋漓地深入挖掘其和谐文化思想精髓,为我们今天的社会主义和谐社会

---

① 《马克思恩格斯文集》第 9 卷,人民出版社 2009 年版,第 29—30 页。

建设服务。

　　马克思、恩格斯和谐观的出发点与其历史唯物主义世界观的研究起点一致,那就是现实的具体的在一定条件下从事实践活动的人。之所以把"人"作为学说建构的理论前提,在于马克思对人的考察坚持一种唯物的、辩证的、历史的观点。马克思及其后继的马克思主义理论家都坚持人是自然界和社会相联系的中间环节,一方面,人作为"自然存在物"无法离开自然,人的生命的延续、种族的繁衍都要依托于强大的自然,人类社会的发展进步要依赖于对自然界的开发利用和与自然进行的物质交换,自然界是人作为一种生物的生命存在载体,是人与社会存在、延续的前提和基础,离开自然人便无法生存,因此说社会的物质统一性在于其客观性,人们只能顺应自然、依靠自然、在认识自然规律的基础上合理利用自然。另一方面,人不仅仅作为一种"类存在物"而与自然界结成一种被动的关系,不仅仅如费尔巴哈所理解的人那样是一种感性的直观,人的本质不是那种"内在的、无声的、把许多个人自然地联系起来的普遍性"①,人是一种有意识、有目的、并且无时无刻不在发挥主观能动性的"社会存在物"。人的社会性质使得人脱离了最初的自然生活的原始野蛮状态,不再是受自然摆布、任自然宰割、在强大的自然力面前表现得无能为力以至于只能归顺自然而不能改造自然的渺小生物,人的劳动创造和实践能力决定了人不再单纯作为一种"感性的直观"而存在,而是作为一种"现实的具体"而存在,具有思维能力和创造能力的人发挥主观能动性日益改造着人化的自然,创造着自己的社会历史。因此,马克

---

① 《马克思恩格斯文集》第1卷,人民出版社2009年版,第501页。

思说:"环境的改变和人的活动或自我改变的一致,只能被看做是并合理地理解为革命的实践。"①因此,对社会历史发展变化的考察无法脱离开人的因素。正是由于集自然属性和社会属性为一身的现实的人以及这些人所从事的现实的改变自然状态、生成社会历史的实践活动把自然和社会紧密地联系了起来,使自然界因之于人的目的、愿望、意图而打上了深刻的人类活动的烙印,实现了客体的主体化,也使得人的主观意识和愿望融入原本无生命存在的自然物中去,实现了主体的客体化。这就排除了大自然的单纯的自在自然性和人的单纯的自为自觉性,实现了主体和客体、主观和客观、物质和精神、存在和思维的统一。因此,分析马克思、恩格斯的和谐观离不开人的因素,他们的和谐观至少应该由这三个部分构成:人与自然的和谐共处;人与社会的全面进步;人自身的自由全面发展。

1.人与自然的和谐是马克思、恩格斯和谐观的题中应有之义

人与自然和谐思想的核心表述主要见于马克思的《1844 年经济学哲学手稿》,其中有这样的一段论述:"共产主义是对私有财产即人的自我异化的积极的扬弃,因而是通过人并且为了人而对人的本质的真正占有;因此,它是人向自身、也就是向社会的即合乎人性的人的复归,这种复归是完全的复归,是自觉实现并在以往发展的全部财富的范围内实现的复归。这种共产主义,作为完成了的自然主义,等于人道主义,而作为完成了的人道主义,等于自然主义,它是人和自然界之间、人和人之间的矛盾的真正解决,是存在和本质、对象化和自我确证、自由和必然、个体和类之间的斗争的真正解决。"②这一

---

① 《马克思恩格斯文集》第 1 卷,人民出版社 2009 年版,第 500 页。
② 《马克思恩格斯文集》第 1 卷,人民出版社 2009 年版,第 185 页。

段可以被看作是马克思从人的本质复归和自然、人、社会和谐一致的角度对其毕生所追求的共产主义社会以及和谐社会理想的最经典的表述,从中我们可以看出人与自然的和谐共生是未来共产主义社会的重要要件,它不仅仅是自然主义的内在要求,而"作为完成了的自然主义",可以直接等同于"人道主义",即是说人与自然的和谐共生也是人道主义的应有之义。人与自然的和谐是由外部自然界之于人的优先地位决定的,尽管人类活动改变了自然的存在状态,人类的连续不断的感性劳动和创造成为了现存自然社会的非常深刻的基础,但是"在这种情况下,外部自然界的优先地位仍然会保持着"①。正是自然界对于人类社会和人自身而言的"优先地位"决定了自然的客观实在性,这是已经被 18 世纪唯物主义哲学所证明了的正确结论。自然界优先性和客观实在性又决定了人们必须一切从自然规律出发,不违不抗,以合适的尺度在自然界中取我所需、为我所用,任何过度的深入和改造自然的不恰当的方法都会换来自然界对人类的报复,自然界的客观实在性只能适应而不能偏离。从另一个侧面考虑,自然界无法脱离人而独立存在于人的视域之外的特性也决定了人要与自然保持和谐一致。"在人类历史中即在人类社会的形成过程中生成的自然界,是人的现实的自然界;因此,通过工业——尽管以异化的形式——形成的自然界,是真正的、人本学的自然界。"②已经打上了人类活动烙印的自然界对人来说是一种现实的存在,而不是虚无缥缈地自立于人的生存空间之外,与人的活动不发生任何关系的自然界已经没有什么意义,因为"被抽象地、孤立地理解的、被固定

---

① 《马克思恩格斯文集》第 1 卷,人民出版社 2009 年版,第 529 页。
② 《马克思恩格斯文集》第 1 卷,人民出版社 2009 年版,第 193 页。

为与人分离的自然界,对人说来也是无"①。既然自然界无法离开人而独立存在,人也不能离开自然界而独立活动,那么人的一系列感性活动和创造就不能不考虑人和自然界的关系,只有完成了人在与自然相处过程中对自己本质的占有和回归,自然主义才能够实现;也只有完成了自然与人相处过程中自身不被破坏,人道主义才能够彰显,这是共产主义的内在要求,也是马克思、恩格斯和谐观的重要组成要素。

2.人与社会的和谐进步是马克思、恩格斯追求的恒久主题

马克思早在1844年,通过对资本主义社会生产活动的考察,揭示了资本主义工业生产条件下人与社会发生矛盾的根本动因,提出了"异化劳动"的概念,并将其看作是影响社会和谐的最主要问题所在。《1844年经济学哲学手稿》集中分析了异化劳动产生的原因、性质与表现,可以说人与社会和谐的理论就是建立在社会劳动生产的理论之上的,因为物质生产劳动是人类历史的第一个前提,以人为基础的物质生产劳动的性质和关系直接决定了在人的劳动实践基础之上建立起来的全部社会生活是否会达成一种和谐。"人们首先必须吃、喝、住、穿,就是说首先必须劳动,然后才能争取统治,从事政治、宗教和哲学等等——这一很明显的事实在历史上的应有之义此时终于获得了承认。"②这表明唯物史观认为政治、法律、艺术、宗教、哲学等全部庞大的上层建筑都是由物质生活资料的生产决定并建立在其基础之上的。但是,在资本主义生产条件下,本应该作为人的本质属性而存在并应该表现为人的生存发展之内在需要的自由、自觉、自愿

---

① 《马克思恩格斯全集》第42卷,人民出版社1979年版,第178页。
② 《马克思恩格斯文集》第3卷,人民出版社2009年版,第459页。

的劳动却发生了明显的异化状态,由人生存的目的变成了谋生的手段。劳动的异化由四个方面的关系被揭示出来:一是人与劳动本身的相异化,意即人的劳动失去了原来意义上的自由自觉的性质,劳动不再作为人的本质需要而存在,人与劳动之间发生了明显的二元对立,以至于"只要肉体的强制或其他强制一停止,人们就会像逃避瘟疫那样逃避劳动"①;二是人与劳动产品相异化,劳动的产品就是人的劳动物化在自然对象之中而形成的劳动的对象化,这些产品由人自身创造出来,那么天经地义地也应该通过直接或间接手段由人来享受与支配,但是在资本家追求剩余价值的条件下,"对对象的占有竟如此表现为异化,以致工人生产的对象越多,他能够占有的对象就越少,而且越受自己的产品即资本的统治"②;三是人与自己的类本质相异化,因为人在运用吃喝等动物机能的时候才能感觉到自己是作为人而存在,而当人发挥劳动这一人的机能时,却觉得自己比动物更可怜,人生产的越多,离自己的类本质就越远;四是人与人相异化,资本家榨取工人的剩余价值、大资本家吞并小资本家、无产阶级为了争取劳动的机会养家糊口而与其他无产阶级之间的惨烈竞争都体现了人与人之间的异化与对立。劳动异化的这四重表现十分深刻地揭示了资本主义生产条件下社会产生矛盾和冲突从而造成不和谐状态的根源。而这一切不和谐的诱因又都植根于资本主义社会生产社会化同生产资料资本主义私人占有之间的矛盾,这个矛盾是社会的根本矛盾,因此要扬弃异化,实现社会的和谐和人向自己本质的复归,就必须改变生产资料的资本主义私人占有状态。马克思在一方面强

---

① 《马克思恩格斯文集》第1卷,人民出版社2009年版,第159页。
② 《马克思恩格斯文集》第1卷,人民出版社2009年版,第157页。

调异化性质的生产劳动导致社会矛盾冲突的情况下,另一方面也认为消除异化的途径还要得益于生产劳动,使社会生产力普遍进步、物质财富得到积累,因为"一定的生产方式或一定的工业阶段始终是与一定的共同活动方式或一定的社会阶段联系着的,而这种共同活动方式本身就是'生产力';由此可见,人们所达到的生产力的总和决定着社会状况"①,因此根据生产力决定生产关系、从而影响全部上层建筑的原理,要改变现存社会的现实状况,首先就要通过劳动积累生产力的水平和物质财富的厚度,为无产阶级革命做好物质准备。第二步就是要通过无产阶级革命夺取资本主义国家政权,打碎资产阶级的国家机器。只有在无产阶级领导和安排国家政治生活的条件下才能够实现生产资料的社会化,使私人占有的关系得到根本的扭转,消除私有制和明显的分工,消除阶级和阶级对立状态,消除工农、城乡、脑力劳动和体力劳动等"三大差别",劳动成果由全体人民共享,从而进入共同劳动、按需分配的未来共产主义社会,这样人与社会的和谐共处、融合一致就会实现。

3. 人的自由全面发展是马克思、恩格斯和谐观的理论归旨

无论马克思、恩格斯首先是作为一个革命家而存在,还是作为一个理论家而存在,作为无产阶级革命的伟大导师,就像恩格斯在马克思墓前讲话时指出的那样,其"毕生的真正使命,就是以这种或那种方式参加推翻资本主义社会及其所建立的国家设施的事业,参加现代无产阶级的解放事业"②,尽管这是恩格斯对其挚友一生活动的评价,但是这样的评价用在恩格斯自己身上也一点不为过。我们说马

---

① 《马克思恩格斯文集》第 1 卷,人民出版社 2009 年版,第 532—533 页。
② 《马克思恩格斯文集》第 3 卷,人民出版社 2009 年版,第 602 页。

克思、恩格斯的灵魂是伟大的,因为其毕生追求和甘于为之奉献的目标就是实现人的自由而全面的发展,实现共产主义。在《共产党宣言》中,马克思、恩格斯以凝练的语言指明了这一目标:"代替那存在着阶级和阶级对立的资产阶级旧社会的,将是这样一个联合体,在那里,每个人的自由发展是一切人的自由发展的条件。"①未来的共产主义社会就是这样的一个"自由人的联合体",在那里,每一个人都不必再受到私有制和分工的限制,不必再受到一切外在的强制的束缚,从而从劳动的必然王国之中解脱出来,每个人的潜质和才能都得到了最大的发挥,实现自由全面的发展。马克思对这样的最高意义上的自由做了一个具体的设想,其最明显的特点就表现在社会生活的非固定化,即"任何人都没有特殊的活动范围,而是都可以在任何部门内发展,社会调节着整个生产,因而使我有可能随自己的兴趣今天干这事,明天干那事,上午打猎,下午捕鱼,傍晚从事畜牧,晚饭后从事批判,这样就不会使我老是一个猎人、渔夫、牧人或批判者"②。走进共产主义社会是由唯物史观所揭示出来的人类社会历史发展必然结果,符合社会历史前进的客观规律,当共产主义社会到来的那一天,人的自由全面的发展便也由此实现,"自然主义"与"人道主义"合二为一,和谐社会的理想便也由此实现。

尽管目前资本主义的发展正处于如日中天的平稳阶段,中国等国家还处于社会主义初级阶段,离实现共产主义的理想还有相当一段距离,劳动异化的消除、人向自己本质的回归、分工的消除暂时还不可能发生,但是马克思、恩格斯由自然和谐、社会和谐以及人自身和谐

① 《马克思恩格斯文集》第2卷,人民出版社2009年版,第53页。
② 《马克思恩格斯文集》第1卷,人民出版社2009年版,第537页。

组成的全面和谐思想具有强大的现实意义。马克思、恩格斯所找到的实现社会和谐的途径也是现实可操作的,并不是天方夜谭,中国等社会主义国家的马克思主义的继承者和无产阶级事业的领导人从实际出发,正一代接一代地为实现共产主义社会远大理想而艰苦奋斗着,并在当前的社会历史条件下努力创造着和谐社会的条件。实现社会的和谐进步和人的自由全面发展是马克思主义理论家和政治家们矢志不渝的追求,理想社会的图景也正一步步地来到人们的现实面前。

三、新时期中国共产党对和谐文化的探索

社会主义是共产主义的初级阶段,它作为人类社会形态演进过程中目前处于最高级的阶段,必然是对资本主义社会的否定,而这种否定又是资本主义发展进程中由于无法克服自身的矛盾而发生的一种自我否定,社会主义就是要建立在消灭资本主义社会中人的普遍异化、由剥削与压迫带来的尖锐的阶级对立与斗争、深刻的社会矛盾与冲突的基础之上,这意味着社会上绝大多数人的利益得到协调与实现,和谐社会是社会主义的内在要求和宗旨。而追求社会和谐又是共产党人矢志不渝的目标,无论是在 19 世纪 40 年代《共产党宣言》问世的欧洲革命时期、20 世纪苏联的社会主义建设时期,还是中国共产党人领导世界人口大国进行艰辛的社会主义探索与发展时期,就像马克思说的那样,共产党人没有私利,"他们没有任何同整个无产阶级的利益不同的利益"①,共产党人最初来自工业生产中处

---

① 《马克思恩格斯文集》第 2 卷,人民出版社 2009 年版,第 44 页。

于社会最下层的贫穷分子和除了出卖自己的劳动便一无所有的产业工人,代表着多数人的利益,始终坚持把最广大人民的根本利益放在努力奋斗的第一位,坚持全心全意为人民服务。因此,追求社会和谐实现人的全面发展是由社会主义的要求和作为无产阶级政党的共产党人的性质决定的。中国共产党作为中国工人阶级和中华民族的先锋队,作为广大人民群众利益的忠实代表者,对和谐社会的探索与开拓不仅仅是坚持了马克思主义的指导思想,坚持了马克思主义创始人对建设共产主义和谐社会实现人的自由全面发展的最终目标和共同理想,更是其自身奋斗目标和宗旨的体现。改革开放以来的新的历史时期,从以邓小平同志为核心的党的第二代中央领导集体对中国特色社会主义事业的开拓与探索,直到以习近平同志为核心的党中央对中国特色社会主义事业的继承与全面推进,历代中国共产党领导人从实际出发、从中国国情出发,结合国际国内的时代条件和主客观环境,始终没有偏离建设和谐社会实现人民利益的主线。

(一)邓小平社会主义和谐社会建设思想初露端倪

20世纪70—80年代,国际国内局势发生了重大的变化。国际上,苏联东欧社会主义国家面临着瓦解的窘境,美苏关系趋缓,原有的世界两强争霸的局面被打破,世界开始向多极化的方向发展,出现了以美国为超级大国的"一超"和以中国、欧共体、俄罗斯、日本等大国为强国的"多强"局势,且各个力量中心互相掣肘相互制衡,使得国际社会相对保持和平稳定,在一定时期内爆发战争的可能性很小;在国内,十年"文革"的乱局使中国社会普遍陷入了水深火热的境地,党和国家遭受着前所未有的挑战和困难,经济、政治、文化、社会等各个领域在"文革"的恶性干扰之下发展滞缓。在欧美等西方国家因之第三次科技革命的巨大能量的推动而享受着社会进步经济速增的情况之下,中国作为建立了先进的政治制度的东方社会主义国家却把主要精力放在了搞阶级斗争之上,人们长期生活在低下的物质生活水平之下,遭受着贫穷的困扰,中国与世界的差距越来越大,社会不和谐不稳定的因素愈发增加,如果这一局面不能很快得到扭转,社会主义制度的基础就会发生动摇,社会主义的前途命运令人担忧。因此,以邓小平同志为核心的党的第二代中央领导集体所要解决的一个核心问题,就是如何在维护世界和平以及在世界相对和平稳定的契机之下发展自己。

十一届三中全会以来,以邓小平为代表的中国共产党人从国内外具体实际的条件出发、从中国的现实国情出发,高瞻远瞩,做出了改革开放的伟大决策,把党和国家的工作重心转移到了经济建设上来,其核心解决的就是长时期困扰着中国人并且一直没有得到很好解决的"什么是社会主义""怎样建设社会主义"的问题。如果对什么是社会主义和怎样建设社会主义的问题不能够做出一个适合中国国情的客观公正的回答,其他一切问题的解决就都会迷失方向。因此,邓小平的努力是时代的要求,邓小平理论的诞生更是时代的产物和中国共产党人集体智慧的结晶。邓小平以一个马克思主义理论家的睿智眼光和一个掌"中国之舵"的政治家的伟大智慧,指出了社会主义不代表贫穷而是要消灭贫穷,社会主义本质就是解放生产力、发展生产力以提高人民的生活水平。他说:"什么叫社会主义,什么叫马克思主义?……马克思主义最注重发展生产力。我们讲社会主义是共产主义的初级阶段,共产主义的高级阶段要实行各尽所能、按需分配,这就要求社会生产力高度发展,社会物质财富极大丰富。所以社会主义阶段的最根本任务就是发展生产力,社会主义的优越性归根到底要体现在它的生产力比资本主义发展得更快一些、更高一些,并且在发展生产力的基础上不断改善人民的物质文化生活。"①因此,社会主义的本质是解放和发展生产力,消灭剥削,消除两极分化,最终实现共同富裕。而其唯一出路就是发展社会主义市场经济。邓小平没有固守马克思主义创始人有关社会主义和共产主义经济制度的论断,而是遵循着实事求是的原则,做出了计划不等于社会主义、资本主义也有计划,市场不等于资本主义、社会主义也有市场的著名论断,这其中蕴含着丰富的辩证法思想,蕴含着对立面既对立又和谐统一的特质。除了强调要集中发展经济,邓小平尤其难能可贵的是指出了物质文明和精神文明要两手抓、两手都要硬,"没有这种精神文明,没有共产主义思想,没有共产主义道德,怎么能建设社会主义?"②精神文明和物质文明协调发展共同进步,这样才是完整的社会主义,除了社会和谐,还要求人们的精神文化和谐。这在改革开放之初生产力水平低下社会物质极为匮乏、人们急需提高物质生活水平的时候提出精神文明建设不能"瘸腿"的论断是十分重要的,因为只抓物质建设不抓精神建设最终会导致人们的精神营养不良,最终会阻碍生产力的发展和社会的前进。此外,邓小平还对社会主义发展道路、发展动力、根本任务、外部条件、政治保证、战略步骤、领导和依靠力量以及祖国统一等一系列问题做出科学论断,形成邓小平理

---

① 《邓小平文选》第3卷,人民出版社1993年版,第63页。
② 《邓小平文选》第2卷,人民出版社1994年版,第367页。

论科学体系,为中国特色社会主义和谐社会的建设和社会主义和谐
文化的发展提供了充足的理论准备。

(二)江泽民对社会主义和谐社会建设思想的深化和系统化

如果说党的第二代中央领导集体重点解决了对什么是社会主义
的认识和如何建设社会主义的问题,那么党的第三代中央领导集体
则在从中国国情出发对社会主义有了正确合理的认识与把握的基础
上,进一步集中解决了"建设什么样的党,怎样建设党"的问题。社
会主义和共产党就好比是一对孪生兄弟,从科学社会主义诞生的那
一天起,自觉运用社会主义的理论学说进行改变现存世界的革命活
动的历史重任就责无旁贷地落在了共产党人的肩上。从马克思主义
诞生的那天起,由以广大无产阶级为基础的共产党人的产生和在阶
级对抗中的地位就决定了运用马克思主义理论的锐利武器、为实现
无产阶级的解放进而实现人的解放和自由全面发展的历史使命须由
共产党人来承担。建设社会主义并不断将其推向前进、实现共产主
义的伟大理想是共产党人终生追求的目标。因此,"怎样建设社会
主义"的问题和"怎样建设党"的问题是内在一致的,中国两代领导
人先后集中解决这两个问题符合思想认识的逻辑关系和事物前进的
客观规律,两个问题一脉相承,邓小平理论和"三个代表"重要思想
体现了中国共产党的伟大智慧。而从中国的现实国情出发,20世纪
最后十年直到世纪之交,随着中国改革开放如火如荼地进行,中国社
会的面貌发生了巨大的变化,物质财富每年以高速度进行积累,人民
群众的物质生活水平显著提高,与此同时带来的就是社会生活中的

不和谐因素和负面影响,如物质文明和精神文明建设的不协调、党内一些官员贪污腐化之风的助长等等,这些问题不解决势必影响社会的和谐与进步,中国共产党第三代中央领导集体在将改革开放伟大事业全面推向 21 世纪的同时,集中力量解决这些问题也是势所必然。因此,这一时期党的领导人对和谐的探索主要体现在实现物质文明、精神文明以及人的全面发展三者和谐发展之上。

首先,中国特色社会主义经济、政治、文化三个方面要协同迈进,三者统一于中国特色社会主义事业的实践之中。江泽民在庆祝中国共产党成立八十周年的讲话中指出:"我们建设有中国特色社会主义的各项事业,我们进行的一切工作,既要着眼于人民现实的物质文化生活的需要,同时又要着眼于促进人民素质的提高,也就是要努力促进人的全面发展。"由此可以看出,党的事业要兼顾经济、政治、文化和人的发展的协调一致。其次,人的全面发展与社会的进步要相互促进。社会离不开人,社会在某种程度上是人的活动的创造物;同时人也离不开社会,因为社会不仅为人提供生存发展的物质基础和特定的活动场所,而且社会也在一个更加深层的意义上创造着完整的人,人是在社会活动和处理社会关系的过程中不断生成着的人,社会与人相合相生的观点符合马克思主义科学认识论的要求,因此二者不可偏废其一。"推进人的全面发展,同推进经济、文化的发展和改善人民物质文化生活,是互为前提和基础的。人越全面发展,社会的物质文化财富就会创造得越多,人民的生活就越能得到改善,而物质文化条件越充分,又越能推进人的全面发展。"①人的发展与物质

---

① 《江泽民文选》第 3 卷,人民出版社 2006 年版,第 295 页。

文化的发展是相得益彰的。再次,在此基础上提出可持续发展战略和西部大开发战略,为中国社会经济的全面进步指明了正确的方向。最后,经济、社会、文化、人的全面发展的理论成果就是"三个代表"重要思想。"三个代表"的丰富内涵及其辩证关系就是上述内容的展现。先进生产力、先进文化、人民根本利益分别对应于物质文明、精神文明和人的全面发展。中国共产党是中国先进生产力的代表者和先进文化的引领者,是中国最广大人民根本利益的维护者,党能否为人民执好政掌好权,关键在于能否践行"三个代表"要求,因此,努力建设一支符合"三个代表"要求的党员队伍是社会主义的内在要求和本质属性。在"三个代表"重要思想的引领下努力建成小康社会,实现社会和谐发展与人的全面进步是包括共产党人在内的全体人民群众的众望所归,江泽民在党的十六大报告中提出了目标:"我们要在本世纪头二十年,集中力量,全面建设惠及十几亿人口的更高水平的小康社会,使经济更加发展、民主更加健全、科教更加进步、文化更加繁荣、社会更加和谐、人民生活更加殷实。"①

(三)胡锦涛社会主义和谐文化建设思想的提出

进入 21 世纪以来,中国的经济建设突飞猛进,社会主义的发展取得了前所未有的成绩,尤其是 2009 年,中国经济总量已经超过了日本跃居全球第二,成为世界第二大经济体,已经基本上实现建成惠及十几亿人口的小康社会的奋斗目标,这是几代领导人前赴后继、不懈奋斗的共同结果。但是,经济的高速发展某种程度上可以说是以

---

① 中共中央文献研究室编:《十六大以来重要文献选编》上,中央文献出版社 2005 年版,第14页。

牺牲资源环境为代价的,在经济总量与日俱增的同时,一方面发生的是由粗放型经济带来的环境污染、生态恶化、某些资源面临枯竭等的自然问题,另一方面发生的是由物质财富增加市场经济完善而带来的诸如官员贪污腐化、"个人主义"和"利己主义"之风盛行、人们在物质利益诱惑面前的道德缺失、文化软实力跟不上经济硬实力等思想文化的问题。这些问题严重地制约了中国经济社会的健康运行和良性发展,成为新世纪新时期对执政党执政理念和能力的考验,是党在新的历史条件下迫切需要解决的问题。因此,改革开放以来中国共产党在解决了"什么是社会主义"的问题、"建设一个什么样的党"的问题之后,新的环境之下迫切需要解决的是"怎样发展"的问题,这是建设社会主义和谐社会的关键问题,科学发展观就是在这样的历史背景之下适应时事而提出来的崭新的发展理念。"科学发展观"的提出为建设社会主义和谐社会提供了理论保证。社会主义和谐文化建设与构建社会主义和谐社会是融为一体的。

党的十六届三中全会提出了科学发展观,"科学发展观,第一要义是发展,核心是以人为本,基本要求是全面协调可持续,根本方法是统筹兼顾"[①]。这是中国共产党的巨大理论创新,是马克思主义的社会发展理论在当代中国的全新阐释,其中蕴含着经济社会全面协调可持续发展与人的全面发展的要旨。发展不再是片面地追求物质财富的增加和经济总量的增长,而是将政治、文化、社会、生态等的良性发展提到了与经济发展同等重要的地位,按照"五个统筹"的要求兼顾社会生活的方方面面,并且指出发展理念的核心问题是要坚持

---

① 《胡锦涛文选》第2卷,人民出版社2016年版,第623页。

"以人为本",更加突出人的主体地位,实现人的价值,这些都是化解社会矛盾、促进社会和谐的现实目标,预示着我们党的执政理念的重大变化,更加符合与接近建设社会主义和谐社会的要求。明确提出"构建社会主义和谐社会"新任务的是党的十六届四中全会,全会《决定》中指出:"坚持最广泛最充分地调动一切积极因素,不断提高构建社会主义和谐社会的能力",而十六届六中全会的一个重大突破就是第一次在党的正式文件中把"和谐"列为了建设社会主义现代化的目标之一,即"建设富强民主文明和谐的社会主义现代化国家",也即意味着将社会主义和谐社会列为了同构建社会主义市场经济、民主政治、先进文化同等重要的位置。就在同一次会议上,在进一步阐述构建社会主义和谐社会的八大问题时,首次明确提出了"建设和谐文化,巩固社会和谐的思想道德基础",由此,中国几千年以来对和谐世界的追求、和谐思想的演进,在新的历史时期党的文件中得到了凝练与升华,和谐社会不仅仅是作为一种社会形式被几代领导人孜孜以求,更是成为了一种文化样态被蕴含在了全党全国人民的价值理念之中,和谐社会的理想诉求昭示着和谐文化的繁荣发展,它们共同意味着通过又好又快发展经济实现人与自然之间的和谐共生、通过民主法制建设实现人与社会和他人之间的和谐共处、通过社会主义核心价值体系建设实现人自身的内在和谐,和谐文化、和谐社会、和谐世界又是党始终坚持全心全意为人民服务宗旨的体现,是全面贯彻落实科学发展观的价值目标,是促进人的全面发展的根本保证。

贯彻落实科学发展观,构建社会主义和谐社会的现实路径是什么呢?以胡锦涛为总书记的党中央坚持马克思主义和中国特色社会主义理论体系的指导,对这一问题做了符合时代要求和客观规律的回答。一是以经济建设为中心,继续解放和发展生产力,为和谐社会建设提供坚实的物质基础。这是由唯物史观对社会发展客观规律的揭示决定的,经济因素在归根结底的意义上对全部社会生活起着决定性的作用。强大坚实的物质基础是保证做好其他一切事情的前提,社会主义初级阶段的基本国情没有改变,当前的主要矛盾仍然是人民日益增长的物质文化需要同落后的社会生产之间的矛盾,因此"坚持以经济建设为中心,紧紧抓住和切实用好重要战略机遇期,大力解放和发展社会生产力,对我们这样一个发展中大国加快实现现代化具有重大战略意义"[1]。二是要发展社会主义民主政治,建设社会主义政治文明,因为一个社会主义的和谐社会必不可少地意味着它将是一个民主法治、公平正义的社会,这要靠完善的政治制度和法律体系作以保障。三是要大力加强以社会主义核心价值体系为核心内容的社会主义先进文化建设,弘扬社会主义荣辱观,这是构建和谐社会的精神支撑。一个国家的现代化最终要由人的现代化展现出来,而影响人的最稳定的因素就是精神文化,因此文化没有现代化不会是真正的现代化。四是要大力发展科学文化教育事业,这是建设和谐社会的智力支持。科学技术的发展水平与人民群众受教育程度决定着一个国家的文明程度,没有高度发达的科学文化教育事业,我们的国家也不可能真正实现现代化,也不可能建设成"民主法治、公平正义、诚信友爱、充满活力、安定有序、人与自然和谐相处的社会"[2]。

---

[1]　《胡锦涛文选》第2卷,人民出版社2016年版,第167页。
[2]　《胡锦涛文选》第2卷,人民出版社2016年版,第470页。

（四）习近平新时代中国特色社会主义思想中的和谐理念

党的十八大以来，以习近平同志为核心的党中央，坚持解放思想、实事求是、与时俱进、求真务实，坚持辩证唯物主义和历史唯物主义，紧密结合新的时代条件和实践要求，以全新的视野深化对共产党执政规律、社会主义建设规律、人类社会发展规律的认识，进行艰辛理论探索，取得重大理论创新成果，创立了习近平新时代中国特色社会主义思想。习近平新时代中国特色社会主义思想，从理论和实践结合上系统回答了新时代坚持和发展什么样的中国特色社会主义、怎样坚持和发展中国特色社会主义这个重大时代课题。在发展理念上，坚持创新协调绿色开放共享；在文化建设上，突出强调坚定文化自信，牢牢掌握意识形态工作领导权，培育和践行社会主义核心价值观，加强思想道德建设，繁荣发展社会主义文艺，推动文化事业和文化产业发展，建设中国特色社会主义文化强国；在文化交流上，倡导多样文明相互尊重、平等包容、交流互鉴，构建人类命运共同体。

首先，新发展理念和文化观蕴含着丰富的和谐思想。党的十八大以来，以习近平同志为核心的党中央坚持创新协调绿色开放共享的新发展理念，统筹推进"五位一体"总体布局，协调推进"四个全面"战略布局，这其中蕴含着丰富的和谐思想。十八大以后，我们党将生态文明建设纳入总体布局，强调人与自然和谐共生，提出绿水青山就是金山银山的理念，提出建设美丽中国的目标。在党的十九大报告中习近平强调："人与自然是生命共同体，人类必须尊重自然、顺应自然、保护自然。人类只有遵循自然规律才能有效防止在开发利用自然上走弯路，人类对大自然的伤害最终会伤及人类自身，这是无法抗拒的规律"，"我们要建设的现代化是人与自然和谐共生的

现代化,既要创造更多物质财富和精神财富以满足人民日益增长的
美好生活需要,也要提供更多优质生态产品以满足人民日益增长的
优美生态环境需要。必须坚持节约优先、保护优先、自然恢复为主的
方针,形成节约资源和保护环境的空间格局、产业结构、生产方式、生
活方式,还自然以宁静、和谐、美丽。"①这一系列论述充分体现了习
近平生态文明建设思想蕴含的人与自然和谐共生的文化理念,也从
一个侧面印证了新发展理念中蕴含的和谐思想。在文化观方面,习
近平高度重视思想文化建设工作,多次强调文化建设在实现民族复
兴中的地位和作用。2014 年 10 月 15 日,习近平在文艺工作座谈会
上发表重要讲话,他指出:"文化是民族生存和发展的重要力量。人
类社会每一次跃进,人类文明每一次升华,无不伴随着文化的历史性
进步","没有中华文化繁荣兴盛,就没有中华民族伟大复兴。一个
民族的复兴需要强大的物质力量,也需要强大的精神力量。没有先
进文化的积极引领,没有人民精神世界的极大丰富,没有民族精神力
量的不断增强,一个国家、一个民族不可能屹立于世界民族之林。"②
在党的十九大报告中他强调:"文化是一个国家、一个民族的灵魂。
文化兴国运兴,文化强民族强。"③这些重要论述,彰显了我们党全新
的文化观,为加强文化建设奠定了坚实的思想基础。

其次,坚定的文化自信彰显了高度的文化自觉。文化自信是一
个民族、一个国家以及一个政党对自身文化价值的充分肯定、自觉认
知、由衷热爱和积极践行,是对其自身文化价值及其生命力的敬畏和

---

① 《党的十九大报告学习辅导百问》,学习出版社、党建读物出版社 2017 年版,第 40 页。

② 《习近平总书记重要讲话文章选编》,中央文献出版社、党建读物出版社 2016 年版,第
182、184 页。

③ 《党的十九大报告学习辅导百问》,学习出版社、党建读物出版社 2017 年版,第 32 页。

信仰。党的十八大以来,习近平在多个场合讲文化自信,进一步阐释他的文化理念和文化观。2014 年 2 月 24 日,习近平在中央政治局第十三次集体学习中指出:"要讲清楚中华优秀传统文化的历史渊源、发展脉络、基本走向,讲清楚中华文化的独特创造、价值理念、鲜明特色,增强文化自信和价值观自信。"①之后的时间里,习近平在一些讲话中又多次对文化自信进行论述。2016 年 5 月 17 日,习近平在哲学社会科学工作座谈会上的讲话中强调:"我们说要坚定中国特色社会主义道路自信、理论自信、制度自信,说到底是要坚定文化自信。文化自信是更基本、更深沉、更持久的力量。"②2016 年 7 月 1 日,在庆祝中国共产党成立 95 周年大会的讲话中,习近平对文化自信特别加以阐释,指出文化自信是更基础、更广泛、更深厚的自信。2016 年 11 月 30 日,习近平在中国文联第十次全国代表大会、中国作协第九次全国代表大会开幕式上发表讲话中再次强调:"文化自信,是更基础、更广泛、更深厚的自信,是更基本、更深沉、更持久的力量。坚定文化自信,是事关国运兴衰、事关文化安全、事关民族精神独立性的大问题"③。在党的十九大上,他又强调:"文化自信是一个国家、一个民族发展中更基本、更深沉、更持久的力量","没有高度的文化自信,没有文化的繁荣兴盛,就没有中华民族伟大复兴。要坚持中国特色社会主义文化发展道路,激发全民族文化创新创造活力,建设社会主义文化强国"。④ 可以说,习近平谈到文化自信的语境一次

① 《习近平谈治国理政》,外文出版社 2014 年版,第 164 页。
② 《习近平谈治国理政》第 2 卷,外文出版社 2017 年版,第 339 页。
③ 《习近平谈治国理政》第 2 卷,外文出版社 2017 年版,第 349 页。
④ 《党的十九大报告学习辅导百问》,学习出版社、党建读物出版社 2017 年版,第 18、32 页。

比一次庄严,观点一次比一次鲜明,态度一次比一次坚决。坚定文化自信既是文化理念,又是文化建设的指导思想。拥有了充分的、坚定的文化自信,我们就有了能力和底气包容多样文化,促进文化繁荣发展,实现社会主义文化强国的目标。

　　第三,牢牢掌握意识形态领导权、话语权体现了在多样文化和谐共生中的主导意识。2013 年 8 月 19 日,习近平在全国宣传思想工作会议上发表讲话,他强调:"经济建设是党的中心工作,意识形态工作是党的一项极端重要的工作。"①这是我们党对意识形态在思想文化领域乃至建设中国特色社会主义伟大事业中的地位和作用的高度认知。2013 年 11 月 9 日,在党的十八届三中全会第一次全体会议上,习近平强调:"面对改革发展稳定复杂局面和社会思想意识多元多样、媒体格局深刻变化,在集中精力进行经济建设的同时,一刻也不能放松和削弱意识形态工作,必须把意识形态工作的领导权、管理权、话语权牢牢掌握在手中,任何时候都不能旁落,否则就要犯无可挽回的历史性错误"。② 在十九大报告中习近平指出:"意识形态决定文化前进方向和发展道路。必须推进马克思主义中国化时代化大众化,建设具有强大凝聚力和引领力的社会主义意识形态。"③建设社会主义和谐文化,并不是各种文化理念和形态相安无事、杂乱无章的拼凑,而是有主导的、有序的、和而不同、和谐健康的动态存在。在这其中,我们必须旗帜鲜明地强调马克思主义在意识形态领域的主导地位,弘扬社会主义核心价值观,牢牢掌握意识形态领域的领导

---

①　《习近平谈治国理政》,外文出版社 2014 年版,第 153 页。

②　《习近平关于社会主义文化建设论述摘编》,中央文献出版社 2017 年版,第 34 页。

③　《党的十九大报告学习辅导百问》,学习出版社、党建读物出版社 2017 年版,第 33 页。

权和话语权,形成导向正确、积极健康的文化环境,营造生动活泼、宽松和谐的文化氛围,成就文化理想,实现文化价值,不断焕发文化的生命力和创造力。我们大力倡导理论创新、文化创新、知识创新,倡导不同观点、不同风格、不同流派相互切磋、平等讨论,鼓励解放思想、大胆探索,尊重差异、包容多样,让文化创新精神竞相迸发、持续涌流。但是,社会主义和谐文化尊重差异、包容多样,并不是无原则地尊重,更不是无底线地包容,决不能让错误的、腐朽的、落后的东西滋生蔓延。

第四,国家文化软实力的提升推动了中国特色社会主义文化走向繁荣兴盛。当今世界,国与国之间的竞争,归根结底是文化软实力的竞争。党的十八大以来,习近平高度重视国家文化软实力的提升,多次强调要讲好中国故事、传播好中国声音,多次提出要向世界贡献中国智慧、中国方案。2013 年 12 月 30 日,习近平在主持十八届中央政治局第十二次集体学习时指出:"文化软实力集中体现了一个国家基于文化而具有的凝聚力和生命力,以及由此产生的吸引力和影响力。古往今来,任何一个大国的发展进程,既是经济总量、军事力量等硬实力提高的进程,也是价值观念、思想文化等软实力提高的进程。"①他还强调,提高国家文化软实力,关系"两个一百年"奋斗目标和中华民族伟大复兴的中国梦的实现,要努力夯实国家文化软实力的根基,要努力传播当代中国价值观念,要努力展示中华文化独特魅力,要努力提高国际话语权。② 在党的十九大报告中习近平强调:"中国特色社会主义文化,源自于中华民族五千多年文明历史所孕

---

① 《习近平关于社会主义文化建设论述摘编》,中央文献出版社 2017 年版,第 198 页。
② 《习近平谈治国理政》,外文出版社 2014 年版,第 160—162 页。

育的中华优秀传统文化,熔铸于党领导人民在革命、建设、改革中创造的革命文化和社会主义先进文化,植根于中国特色社会主义伟大实践。"①提高国家文化软实力,推动中国特色社会主义文化繁荣兴盛,必须激发文化创新创造的活力。因为从根本上说,创新创造是文化的本质特征,是文化生命力的根本所在。任何一个国家和民族文化的发展繁荣兴盛,都离不开继承传统,都离不开借鉴外来文化,更离不开创造性转化和创新性发展。在人类文明的百花园里,凡是源远流长、历久弥新的文化,都既渗透着历史基因,同时又浸润着时代精神,既延续着本土文化的血脉,同时又吸纳着外来文明的精华。在新的时代条件下,推动文化繁荣兴盛,必须牢固根基而又不能固守不变,必须海纳百川而又善于内化创新,做到不忘本来、吸收外来、面向未来,更好构筑中国精神、中国价值、中国力量。提高国家文化软实力,"要客观科学礼敬地对待中华优秀传统文化,结合新的时代条件和实践要求对其内涵和表现形式加以补充、拓展、完善,赋予其新的时代内涵和现代表达形式,充分展现中华文化独特魅力和时代价值。要坚持开放包容,以更加自信的心态、更加宽广的胸怀,广泛参与世界文明对话,借鉴吸收人类文明成果,增强中华文化的影响力和吸引力"②。

第五,构建人类命运共同体的倡导表达了对世界文明多样性尊重包容的文化理念。2014 年 3 月 27 日,习近平在联合国教科文组织总部发表演讲,在谈到推动各国文明交流互鉴时指出:"文明是多彩的,人类文明因多样才有交流互鉴的价值","文明是平等的,人类

---

① 《党的十九大报告学习辅导百问》,学习出版社、党建读物出版社 2017 年版,第 32 页。
② 刘奇葆:《推动社会主义文化繁荣兴盛》,《人民日报》2017 年 11 月 13 日。

文明因平等才有交流互鉴的前提","文明是包容的,人类文明因包容才有交流互鉴的动力","历史告诉我们,只有交流互鉴,一种文明才能充满生命力。只要秉持包容精神,就不存在什么'文明冲突',就可以实现文明和谐。"①他还强调:"对待不同文明,我们需要比天空更宽阔的胸怀。文明如水,润物无声。我们应该推动不同文明相互尊重、和谐共处,让文明交流互鉴成为增进各国人民友谊的桥梁、推动人类社会进步的动力、维护世界和平的纽带。"②这些重要论述,彰显了中华文明的"天下"情怀和"以和为贵"、"协和万邦"的和平思想,彰显了中国共产党全新的文化文明理念,在世界各国产生了广泛反响,赢得一致好评。此后,习近平在国际交往中多次提到构建人类命运共同体的思想理念。在十九大报告中,习近平指出:"坚持正确义利观,树立共同、综合、合作、可持续的新安全观,谋求开放创新、包容互惠的发展前景,促进和而不同、兼收并蓄的文明交流","我们呼吁,各国人民同心协力,构建人类命运共同体,建设持久和平、普遍安全、共同繁荣、开放包容、清洁美丽的世界","要尊重世界文明多样性,以文明交流超越文明隔阂、文明互鉴超越文明冲突、文明共存超越文明优越。"③习近平倡导不同文明间相互尊重、包容、平等、交流互鉴,构建人类命运共同体的思想,为建设和谐世界、促进世界和平发展贡献了中国智慧。

---

① 《习近平谈治国理政》,外文出版社 2014 年版,第 258—260 页。
② 《习近平谈治国理政》,外文出版社 2014 年版,第 262 页。
③ 《党的十九大报告学习辅导百问》,学习出版社、党建读物出版社 2017 年版,第 46—47 页。

第三章 社会主义和谐文化的
本质和基本内涵

任何问题的研究,都首先要对研究对象所涉及的基本概念的内涵与本质、基本特征、研究对象的价值等理论基础问题进行理论上的追问和清晰界定。如果理论基础晦暗不明,就无从进行理论上的研究。因此,社会主义和谐文化基本内涵的清晰界定、本质特征的理解和把握及其价值功能的阐明就理所当然地成为本研究的重要问题。

一、社会主义和谐文化的本质

建设社会主义和谐文化是我们党在对当代中国文化发展所处的历史方位、时代方位、价值方位深刻分析的基础上,提出的一项新的战略任务,反映了一种新的文化理念和文化愿景,充分地展示了我们党在新的历史条件下的文化自觉。对于社会主义和谐文化本质的理解是我们把握这种新的文化自觉的关键所在,其中概念的界定是进行理论研究最基本的前提。研究社会主义和谐文化,首先要对其涉及的几个基本概念加以厘定,主要是对"文化"、"和谐"、"和谐社会"、"和谐文化"等几个密切相关的概念的理解和界定。

（一）文化的多维释义

"文化"既是一个歧义丛生的概念,也是一个争议最多的概念。人类学家威廉斯曾指出:"英语中有两三个最为难解的词,文化便是其中之一。"①克鲁伯和克拉克洪在他们的《文化——关于概念和定义的评述》著作中列举了161种文化定义。文化研究至今,世界上的文化定义应该有数百种之多,这充分地显示了学界对此理解上的差异。因此,从中西语境文化含义的演进历程中厘定文化的内涵,无疑有助于对社会主义和谐文化本质的理解和把握。

1.西方语境下的文化含义变迁

从词源上来看,西方语境中的"culture"一词原是含有"种植、耕作"意蕴的农业术语,后来又引申出"教育、培养、修养"等涵义。公元前1世纪,古罗马思想家西塞罗把文化看作哲学或者心灵的培育。17世纪,德国历史学家普芬道夫指出:"文化生活和精神生活基本上是同义词。"②德国古典哲学家黑格尔指出:"任何一类东西能够属于文化的领域,……就是属于'思想的形式'。"③

19世纪后期,随着文化人类学等学派的兴起,西方理论界对文化内涵的理解呈现出多样化的态势。如人类学家泰勒认为:"文化或者文明,从其广泛的民族志意义上而言,它是一个错综复杂的总体,包括知识、信仰、艺术、道德、法律、习俗和人作为社会成员所获得

---

① 转引自萧俊明:《文化转向的由来》,社会科学文献出版社2004年版,第1页。
② 张广智、张广勇:《史学,文化中的文化——文化视野中的西方史学》,浙江人民出版社1990年版,第4页。
③ [德]黑格尔:《历史哲学》,王造时译,上海书店出版社1999年版,第72页。

的任何其他能力和习惯。"①在泰勒经典定义的影响下,文化历史学派、文化进化论学派、文化心理学派等对文化的内涵都做出了不同的界定。

2. 中国语境下文化的基本规定

在中国,"文化"一词较早出现于《易经》中:"观乎天文,以察时变;观乎人文,以化成天下。"著名学者张岱年、方克立两位先生指出:"在这里,'人文'与'化成天下'紧密联系,'以文教化'的思想已十分明确。"②汉代刘向在《说苑·指武》中说:"凡武之兴,谓不服也,文化不改,然后加诛。"晋代束晳在《补亡诗》中也说:"文化内揖,武功外悠。"可见,中国传统文化是以"文治教化"为文化概念的基本规定的。

毛泽东在领导中国革命和建设的过程中,发表了《新民主主义论》《在延安文艺座谈会上的讲话》等关于文化问题的重要著作。毛泽东在《新民主主义论》中指出:"一定的文化(当作观念形态的文化)是一定社会的政治和经济的反映,又给予伟大影响和作用于一定社会的政治和经济;而经济是基础,政治则是经济的集中的表现。这是我们对于文化和政治、经济的关系及政治和经济的关系的基本观点。"③邓小平、江泽民、胡锦涛、习近平等中国共产党人基本也是在这个意义上使用文化概念的。于是,"观念形态的文化"就成为中国语境下马克思主义关于文化概念的基本所指。

需要指出的是,在新文化运动的文化启蒙、20世纪80年代肇始

① Edward Burnett Tylor,The Origins of Culture,New York:Harper and Row,1958,p. 1.
② 张岱年、方克立:《中国文化概论》,北京师范大学出版社1994年版,第2页。
③ 《毛泽东选集》第2卷,人民出版社1991年版,第663—664页。

的文化大讨论等两次文化研究热潮中,"西学东渐",我国学界也出现了对文化概念的多维理解。如梁漱溟认为,文化是"人类生活的样法"①。张岱年等学者把"文化"定义为:"人类在处理人和世界关系中所采取的精神活动与实践活动的方式及其所创造出来的物质和精神成果的总和,是活动方式与活动成果的辩证统一。"②

3. 文化基本内涵的厘定

虽然文化的概念有几百种之多,但概括起来,无非是广义和狭义两种。广义文化观,亦称大文化观认为,凡是打上人的烙印的东西都是文化,其实质在于把文化理解为人化或社会化。当代文化内涵的理解多样性多根源于"文化"的这种广义理解。③ 广义文化的"人化"或"人类化"实质,体现为人类社会历史发展过程中物质文明、政治文明、精神文明所达到的程度和方式。从这个意义上讲,文化是人类在改造世界及其改造自身的对象性的活动中所展示的、体现出来的人的本质力量及其成果,是人的创造性本质、主体力量的对象化,是指人类创造的一切物质财富和精神财富的总和。由此,在文化结构上,有物质文化与精神文化两分说,也有物质、制度、精神三层说,还有物质、制度、风俗习惯、思想与价值四层说等等。

狭义文化是指内在于人们思想观念的精神文化,在社会结构中与经济、政治相对,是人类社会生活的重要组成部分,专注于精神创造活动及其结果。毛泽东在《新民主主义论》中的文化定义是经典的,也是我们在一般意义上使用的文化概念。从实质上讲,文化更为

① 梁漱溟:《东西方文化及其哲学》,商务印书馆1922年版,第53页。
② 张岱年、程宜山:《中国文化与文化论争》,中国人民大学出版社1990年版,第2页。
③ 邹广文:《当代文化哲学》,人民出版社2007年版,第9页。

根本的特征是文化代表着精神性的内在于主体世界的存在形式和思想建构能力。从特点上看,精神文化由语言、文字、信息等特定符号传达传导,从而使人们对内在的精神有所把握,使文化得以持存、交流和发展。文化是人类在实践中创造的各种观念和社会生活行为规范的精神成果的总和,它归根结底是人类追求自觉自由活动的内在精神和观念活动过程。

本书以狭义的精神文化为理论基点,其合法性根据在于:其一,虽然"文化"日益渗透到社会生活的各个层面,并且歧义纷呈,但人们仍然可以在最一般意义上谈论文化,这说明具有一定差异性的"文化"背后蕴含着可通约的内容,此可通约的内容就是具有内在性、观念性等特征的精神文化。其二,广义的文化定义把人类社会活动的一切成果都列为文化之中,在一定程度上模糊了社会生活与精神存在的边界,社会结构中的经济、政治、文化之间的内在关系也很难理清,文化最本质的精神内涵也就难以呈现出来,显然不适合于本研究。其三,理论研究的定位往往取决于两个方面:一是理论的思维传统,二是理论的时代性。就思维传统而言,中华文化的思维传统是以"文治教化"为基本内涵的;就时代性而言,我们党所使用的文化定义都是与政治、经济、社会相对的狭义的精神文化。因此,当下的和谐文化研究应以狭义的精神文化为理论基点。

(二)和谐与和谐社会的基本理解

在人类社会的历史长河中,人类文明的每一个进步都伴随着人与自然、人与社会、人与人之间的矛盾运动。在进入文明社会以来,人类长期处于阶级社会之中,阶级斗争作为显性的力量推动着历史的进步。但是和谐社会一直是千百年来人们所孜孜以求的理想目标,和谐的理想追求始终在影响着人类文化的发展。这也是当下我们深刻理解和把握和谐与和谐社会基本内涵的合法性根据所在。

1. 和谐基本内涵的辩证理解

通过前面第二章对中西文化和谐思想发展历程的简要梳理,我们可以得出这样一个结论:和谐是人类共同追求的最高的价值理想;在中西文化对和谐的理解中,和谐思想最具价值的理论内蕴就是作为唯物辩证法实质和核心的对立统一。对于和谐思想我们应该也必须做辩证的理解。

首先,和谐是以矛盾的双方存在为前提的,矛盾的双方又是以一定的差异为前提的。和谐不是简单的同一,它首先意味着不同,是有差异的统一。在一个由多种性质不同或对立的事物或因素构成的统一体中,这些相互对立的事物或因素同时又相互补充、相互协调、共生共长、共荣共存,从而形成新的状态,产生新的事物,共同维系着这个统一体的存在与发展。和谐的本质,在于统一体内多种因素的差异、互补与协调。

其次,和谐是对立统一中的和谐。任何事物都处于对立统一的矛盾运动中,其结果往往是以"和谐"或"不和谐"的形式表现出来,因而"和谐"是事物矛盾运动的动态实现,"和谐"不是事物矛盾的消失,而是矛盾双方对立统一的结果。"和"即和睦之意,含有和衷共济、政通人和、内和外顺等意蕴,是不同的物体共生与交融的状态,是事物的共生性;"谐"即为相合之意,强调顺畅、协调,力避抵触、冲突,是自然世界中协调有序的规则,是运动的规律性。"和谐",也就是和睦协调之意,即矛盾的双方在一定条件下达到统一、协调、调和。

"和谐的理念,应当是从宇宙空间到微观世界中各个不同的层面与环节中相当协调与共存的自然状态。"①

再次,和谐不是不同的事物或因素杂乱无章、平起平坐、相安无事的存在,是在有中心或主导的前提下的有序的互补与影响。就像在浩瀚的宇宙中,月亮围着地球转、地球围着太阳转一样,主导或中心的地位是相对的,而不同的事物或因素在围绕各自中心按照各自的轨道在自然有序地运行。可见,和谐的理念一方面要以差异的存在为前提,另一方面,也要在差异中寻求统一。这个统一性集中地体现为先进性,具有先进性的一方在矛盾的统一体中居于主导地位。一中有多,多中有一,一元主导与多样和谐构成和谐思想的基本要义。

最后,和谐是一种处理矛盾的辩证方法。和谐是对立统一中的和谐,和谐是一种辩证法。和谐的辨证方法是在处理各种矛盾时不断消解不和谐因素、促进和谐因素不断增加,从而推动事物不断向前发展的方法。和谐的方法论要求提倡和谐的思维方式,要求人们善于从事物的对立中看到统一性,从统一中看到对立,统一中的对立,对立中的统一,从事物之间的相互依存、相互渗透、相互转化中找到解决问题的具体方法,从而达到人与自然、人与社会、人与人之间的和谐发展。因而和谐的辩证方法不是掩盖或无视矛盾的客观存在,而是引导人们以和谐的思维方法去认识矛盾、化解矛盾,进而使事物达到和谐的状态。

2. 和谐社会的基本理解

"社会"一词是经常被学界提及的术语,但是学者们对"社会"这

---

① 巴湘:《和谐论》,世界知识出版社 2010 年版,第 5 页。

一术语的理解却不尽相同,有广义和狭义的使用,也有宏观、中观、微观的区分。由于对"社会"的理解的不同,对和谐社会内涵的阐释也有很大的差异。

我们认为,和谐社会中的"社会"主要应从广义或宏观的层面来理解。在马克思看来,社会是由"不同要素之间的相互作用"构成的"一切关系在其中同时存在而又互相依存的社会机体"①。社会是人类社会实践的产物,是人与自然之间的关系、人与人之间的关系的双重统一。在这种双重统一的基础上,形成了社会的经济结构、政治结构和文化结构,这些结构交互作用共同构成了社会的总体结构。这个社会总体结构是一个由于内部要素相互作用而不断变化的有机整体,即社会。

由于社会是一个由不同要素构成的大系统,这些不同的要素可以从不同的角度进行观照:如经济结构、政治结构、文化结构等领域;阶级(阶层)结构、制度结构等内容;社会成员、群体、阶级(阶层)、类等主体。这些结构或要素也是由不同部分或要素构成的系统,可以称之为小系统或子系统。由于社会是由不同的要素或部分构成的,那么就必然存在不同要素或部分之间协调问题。

"和谐社会"就是社会的各要素(子系统)之间关系稳定、协调、融洽、有序。和谐社会所要达到的和谐是全面的和谐:既包括人与自然之间、人与人之间和人与自身之间的宏观层面的和谐,也包括经济、政治、文化等部分之间的中观层面的和谐,还包括城市与农村之间、不同区域之间等微观层面的和谐。可见,和谐社会就是要矛盾着

---

① 《马克思恩格斯文集》第1卷,人民出版社2009年版,第604页。

的不同要素之间在复杂的社会大系统内协调运作、互相包容、消解不和谐因素、整合社会各部分与各种力量,使社会在良性、有序的状态下运行。

我们当下所要建设的和谐社会是社会主义和谐社会,除具有和谐社会所具有的一般内容,还具有自身的特殊内容,主要有:

首先,从社会发展来看,社会主义和谐社会的本质在于社会主义性质。这是社会主义和谐社会区别于以往社会的本质属性。马克思、恩格斯所设想的共产主义社会实现了人与自然之间、人与人之间、人与自身之间关系和谐的"人自由全面发展"的和谐社会。社会主义和谐社会是我们党立足于社会主义初级阶段的现实提出的一项伟大战略,是通向人类崇高理想的一个特定阶段,它的终极目标与共产主义价值理想密切相连。因而,社会主义是社会主义和谐社会鲜明的本质属性。

其次,从建设内容来看,社会主义和谐社会建设的基本内容主要有:民主法治、公平正义、诚信友爱、充满活力、安定有序、人与自然和谐相处。① 社会主义和谐社会涵盖了人与自然之间的关系、人与人之间的关系、人与自身之间的关系等内容,也展现了社会主义和谐社会建设是全面的和谐建设,具有其他社会无法相比的全面性。

最后,社会主义和谐社会建设将是一个伟大而又长期的历程。在这个伟大的历程中,伴随着经济社会的快速发展,各种社会矛盾与不和谐的因素将不断涌现,旧的问题和矛盾被消除,新的矛盾和问题还会出现。社会主义和谐社会是充满活力的社会,它具有化解矛盾、

---

① 胡锦涛:《在省部级主要领导干部提高构建社会主义和谐社会能力专题研讨班上的讲话》,《人民日报》2005 年 6 月 27 日。

消除不和谐因素的社会主义经济、政治、文化等方面的切实保障和动力机制,能够使社会主义社会健康有序地快速发展。因而,社会主义和谐社会建设将是一个不断前行的动态发展过程。

(三)和谐文化与社会主义和谐文化

随着"建设和谐文化,为构建社会主义和谐社会作出贡献,是现阶段我国文化工作的主题"①的提出,学界已经对和谐文化的基本内涵从多维度、多层面进行探讨和研究,并取得了丰硕的成果;并且这一研究正处在"进行时",方兴未艾。

从目前的研究成果来看,当前的"和谐文化"内涵的阐释主要是对社会主义和谐文化内涵的阐明。我们认为,应当把"广义的和谐文化"与"狭义的和谐文化"区别开来。广义的和谐文化是指在人类社会历史的视域中,对不同社会历史阶段、不同民族所具有的以和谐为价值取向、奉行和谐理念的文化的共性概括,可以称之为"和谐文化"。狭义的和谐文化则特指当代中国的社会主义和谐文化,应称之为"社会主义和谐文化"。我们应对它们分别加以阐释。

1. 和谐文化

广义的和谐文化是所有和谐文化的共性表达,即其具有和谐文化的"一般",可表现在以下几个方面。

首先,和谐文化是以和谐为价值取向、奉行和谐理念的文化。人类社会及其文化的多元碰撞、冲突、交融是历史的事实,也是当今社会发展存在的客观事实。这就提出了以对抗还是和谐的理念解决社

---

① 《胡锦涛文选》第2卷,人民出版社2016年版,第540页。

会矛盾及对待其他文化的问题。从这个层面来看,"和谐文化是指一种以和谐为思想内核和价值取向,以倡导、研究、阐释、传播、实施、奉行和谐理念为主要内容的文化形态、文化现象和文化性状"①。

其次,和谐文化是多样性与统一性的有机结合。和谐文化既倡导求同存异,更追求和而不同,二者辩证统一、互为补充。求同存异与和而不同的出发点和着重点是不同的。求同存异首先追求的是"同",是在追求相同的情况下搁置或者是忽略"不同";和而不同首先承认的是"不同",是在承认、尊重不同的前提下追求共生共长共荣。和谐文化追求"同"并不是不承认"不同",承认"不同"更不是意味着杂乱无序。和谐离不开秩序,而任何秩序都是建立在差异的基础上的。这个秩序就是文化得以共存的统一性。可见,和谐文化既承认文化的差异性、倡导文化的多样性,又在多样性中寻求统一性,是多样性与统一性的有机结合。

最后,从文化发展的历程来看,和谐文化是人类千百年来所孜孜以求的共同价值和理想境界。中西文化的发展历程向我们展示:和谐的价值诉求与理想境界在中西文化发展史上都具有重要地位。在西方文化发展史上,从古希腊先贤的和谐文化思想资源到空想社会主义者"和谐理念"的价值追求和理想目标,再到当代西方的资本主义不和谐的文化批判,都表征了人类的和谐文化诉求。在中国传统文化中,从儒家的"讲信修睦"、"大同理想"到墨家的"兼相爱",再到佛家的慈悲精神与道家的"道法自然"等,也都表达了和谐文化的价值追求和理想目标。

---

① 李忠杰:《论建设和谐文化》,《光明日报》2006 年 10 月 9 日。

需要指出的是,在阶级社会,阶级矛盾是社会的主要矛盾,社会关系在本质上是不和谐的,和谐文化的价值诉求和理想目标只能以乌托邦的形式呈现出来。而当下我们的和谐文化建设与以往任何时代和谐文化思想的本质差别在于,它是与社会主义和谐社会相适应的、体现社会主义本质要求的一种崭新的文化状态;是适应全球化趋势、寻求文明对话、实现文化共生发展的,具有较大的超越性和普遍性现代文化精神,表达了世界各国人民的共同愿望,因而它在当代中国是可以实现的价值追求和理想目标。

2.社会主义和谐文化的本质

社会主义和谐文化是一个复合词,是由社会主义、和谐、文化三个上位概念构成,又可以将其按照文化、和谐文化、社会主义和谐文化逻辑递进顺序排列起来。循着这一理论进路,能够比较好地阐明社会主义和谐文化的本质。

文化,如前所述,可以从多视域、多维度去界定。概而言之,有广义文化和狭义文化之说。广义文化观,亦称大文化观,其实质是把文化理解为人化或社会化。它体现为人类社会历史发展过程中物质文明、政治文明、精神文明所达到的程度和方式。狭义文化是指观念形态的精神文化,在社会结构中与经济、政治相对。从实质上讲,文化作为精神性的存在内在于主体世界的存在形式和思想建构能力则是文化更为根本的特征。从特点上看,精神文化由语言、文字、信息等特定符号传达传导,从而使人们对内在的精神有所把握,使文化得以持存、交流和发展。

社会主义和谐文化中的文化显然指涉的是狭义的精神文化,我们就以其为研究基点。狭义的精神文化是由文化的理念、价值观、思维方式等构成。价值观是文化的核心和决定性因素,集中地表现为文化的本质特征总是由价值观所决定的,不同文化之间的本质差别也主要地表现为价值观的差异。

那么,作为"文化"与"和谐"的复合词——和谐文化的本质是什么呢?和谐是一种矛盾双方或多方之间对立统一的关系范畴,因而和谐既不是从总体上反映事物的实体,也不是反映某个单个事物的客观属性,而是揭示事物内部矛盾双方或者多方相互关系的良性表现的一个范畴。矛盾双方或多方的地位与力量关系是判断事物或现象之间关系和谐与否的根本依据,事物或现象之间关系是否和谐只能体现在矛盾双方或多方之间关系的相互对比、比较中。

值得说明的是,矛盾关系是复杂的,和谐关系的存在也是有条件的,和谐只能建立在可能和谐的关系的基础上。和谐不是无矛盾状态,而是调和、缓和矛盾的锐性,能否和谐以及和谐的方式取决于矛盾的性质、状态,必要的斗争也是争取和谐的一种有效选择。如,马克思主义与反马克思主义的文化之间关系必须以斗争的手段才能达到和谐的目的。

那么,受"和谐"的限定,矛盾着的不同文化之间的对立统一关系就成为和谐文化的基本内容。和谐文化是以文化的多样性或多元性共存为前提的,只存在单一的文化是无所谓和谐的,如马克思、摩尔根所考查的原始部落文化。随着生产力的发展和普遍交往的不断扩大,各种文化之间的交流日益增多,多样性或多元性共存就成为一定地域或民族的文化常态。无论是中国的文化发展史,还是世界文化发展史都可以证明这一点。多元文化或多样文化共存就要求以一定的理念、态度或价值取向去处理不同文化之间的关系。一般说来,主要有三种理念、态度或价值取向:其一是只讲对立不讲统一的对抗;其二是只讲统一不讲对抗的放任;其三是既讲对立又讲统一的和谐。对抗只能造成文化的单一化,不但不利于文化的发展,也会引起人民的反抗。无方向的放任只能带来思想混乱和社会动荡,也是行不通的。于是,以和谐的文化理念与价值取向来处理矛盾着的不同文化之间的关系就成为千百年来人们所孜孜以求的价值理想。因此,无论是和谐的文化理念与价值取向,还是人类千百年来所追求的和谐的价值理想,都是对矛盾着的文化双方或多方之间和谐的关系的价值诉求。

和谐文化对不同文化之间关系的理念、态度首先要以承认多元性或多样性的文化的存在为前提,不承认多样性或多元性文化的态度不是和谐的理念与价值取向,而是对抗的态度;同时,多元或多样的文化不是等量齐观的,而是存在一定的主次位序差别的。换言之,多样的或多元的文化必然要以主流文化为主导和主流价值观为引领,失去主流文化的主导和主流价值观引领的多元或多样文化共存,是文化上的放任,不是文化的和谐。因此,和谐文化在本质上是一种在主流价值观的引领下矛盾着的不同文化之间的对立统一关系。

社会主义和谐文化是由社会主义、和谐、文化三个概念构成的复合词,其中这三个概念又可以复合成另外两个词,即社会主义文化、和谐文化。我们就通过在社会主义和谐文化与社会主义文化、社会主义和谐文化与以往的和谐文化的比较中来揭示社会主义和谐文化的本质。

社会主义和谐文化与社会主义文化,从本质的角度看,二者都是社会主义本质要求的精神体现和观念表达,同属于社会主义性质的文化。但是从关系的维度看,社会主义和谐文化是对以往计划经济条件下社会主义文化"绝对一元化"的矫正,是对现代市场经济条件下多样文化共存的客观事实的确认,是从只讲对立不讲统一的批判斗争的文化思维方式向对立统一的文化思维方式的转变,是建构与当代中国经济、政治发展状况相适应的文化并实现当代中国文化发展的价值理想。这种思维方式的转变在其本质上是形而上学的世界观向对立统一的唯物辩证的世界观的转变。

社会主义和谐文化与和谐文化,从关系角度讲,二者都强调各种思想文化和平共处、相互借鉴、相得益彰,具有很大的一致性。但是从本质的维度看,社会主义和谐文化是社会主义经济、政治的反映,并反作用于或塑造社会主义经济、政治。因而社会主义和谐文化是体现社会主义本质要求的文化,是社会主义性质的文化。社会主义和谐文化虽然以和谐的理念承认文化多样性的存在,强调在多种文化之间关系的协调与平衡的基础上实现文化的发展繁荣,但社会主义和谐文化更主张要在坚持社会主义核心价值体系主导地位和作用的基础上尊重文化的多样性,文化价值观多元是一种事实存在。但是,存在的并不都是合理的,从文化发展的规范性方面看,多元文化环境中,社会要坚持什么,反对什么;什么是善恶、美丑、是非标准更需要社会主导文化"亮剑",否则,人们的思想乱了,社会不可能和谐。换言之,只有在社会主义核心价值体系的引领下,各种不同的相互间矛盾着的文化之间的关系,才能获得协调和平衡、做到健康有序,才能实现当代中国文化的发展繁荣。显然,二者的差别在于基本性质的不同,从根基处看,反映的是社会主义世界观与以往阶级社会世界观的本质上的根本差异。作为中国特色社会主义先进文化的价值内涵,社会主义和谐文化建设的思想内涵与社会主义先进文化建设的思想内涵在本质意义上是一致的,都是建设社会主义文化强国的必然要求,"必须走中国特色社会主义文化发展道路,坚持为人民服务、为社会主义服务的方向,坚持百花齐放、百家争鸣的方针,坚持贴近实际、贴近生活、贴近群众的原则,推动社会主义精神文明和物质文明全面发展,建设面向现代化、面向世界、面向未来的,民族的科学的大众的社会主义文化"①。这是以和谐为价值内涵的社会主义先进文化建设的总要求。

综上所述,社会主义和谐文化的本质是指基于多元文明共在的文化背景下,以追求多元文化和谐和繁荣,构建良好文化秩序为宗旨,重和谐、求发展的一种新的文化意向和文化世界观。

二、社会主义和谐文化的内在规定性

结合对社会主义和谐文化的定位和其本质理解,我们可以从三个基本层面阐述社会主义和谐文化的内涵。

(一)社会主义和谐文化是一种和谐理念

社会主义和谐文化的内核是和谐理念与和谐精神。无论何种意义上的文化,其基本内核都体现在它的理念与精神价值层面。马林斯基在《文化论》中指出:"文化把人类提高于禽兽之上,并不是由于给人类以其所能有的东西,而是指示给他看其所能奋斗追求的目

---

① 《胡锦涛文选》第3卷,人民出版社2016年版,第637页。

标。"①在宏观社会系统意义上,社会主义和谐文化的科学内涵,我们赞同以李忠杰为代表的大多数学者的观点,即社会主义和谐文化作为一种文化理念,是"奉行和谐理念,以和谐为思想内核和价值取向,以倡导、研究、阐释、传播、实施、奉行和谐理念为主要内容的文化形态、文化现象和文化性状"②。

社会主义和谐理念是在人们现实的社会主义生活实践中"和谐精神"的普遍确立。一般说来,文化是人类实践活动的产物,是人类对象性活动的体外积累,是"人化"与"化人"的统一。因而,文化的重要特点之一是"人化",其重要功能之一是"化人",在人心灵深处的"内化"。只有在大多数人的心里真正内化了的东西,才能称其为"文化"。社会主义和谐文化之所以能成为"文化",就是因为它有这样一个核心内涵层次:"和谐"的价值追求已经成为当今社会主义中国的一种普遍的社会意识、社会心态和社会风气。这就是社会主义和谐理念,社会主义和谐文化深层的精神意识层面。

社会主义和谐文化理念的理论根基在于:和谐作为矛盾中的一个方面,反映和揭示的是事物发展的平衡性、协调性和秩序性,是矛盾同一性的一种状态。矛盾的同一性是包含差别和对立的同一,是对立中的同一,是和而不同。同一性是矛盾统一体得以存在和发展的内在根据。人类实践生活中的求同存异、民主协商、和平谈判等都是矛盾和谐的真实表现形式。

社会主义和谐文化理念的现实基础在于当下我国的社会主义和

---

① [英]马林诺夫斯基:《文化论》,费孝通等译,中国民间文艺出版社 1987 年版,第 91 页。
② 李忠杰:《论建设和谐文化》,《光明日报》2006 年 10 月 9 日。

谐社会建设。如今,中国社会正处于社会主义改革发展的一个既是机遇又是挑战的关键时期,经济体制深刻变革、社会结构深刻变动、利益格局深刻调整、思想观念深刻变化,既给社会主义中国的发展进步带来了空前的活力,同时也引发了众多的矛盾和问题。因此,倡扬社会主义和谐理念,培育社会主义和谐精神,大力推进社会主义和谐文化建设,夯实社会主义和谐社会的思想道德基础,就成为"现阶段我国文化工作的主题"①。

社会主义和谐的文化理念以承认不同的文化主体地位的存在为前提,以理性、平和、人本、宽容、民主、自信、自尊为思想意识,表现为多元主体的共同在场与和谐共处,交互主体间的商谈共识,意欲为一种良善社会、人性的发展优化提供基本价值规范。作为理念,社会主义和谐文化精神可以弥散于社会生活各个方面,包括思想观念、价值体系、行为规范、文化产品、社会风尚、制度体制等多种存在方式。我们可以在全社会广泛地倡导和谐理念,培育和谐精神,营造和谐氛围,从而"为构建社会主义和谐社会作出贡献"②。

(二)社会主义和谐文化是一种现代文化形态

和谐文化是一种新的文化形态。文化形态或称文化范式或文化模型,是指一定历史时期呈现的较为稳定的、常态的文化的样态。任务、内容、方法、目标等是文化形态基本的要素结构,也包括文化的解释框架,赖以运作的理论基础和实践规范。

文化的存在形态(方式)是变化发展的。具体说文化形态的发

---

① 《胡锦涛文选》第 2 卷,人民出版社 2016 年版,第 540 页。
② 《胡锦涛文选》第 2 卷,人民出版社 2016 年版,第 540 页。

展与转换有质变和量变两种形式。

　　一种形式是质变形式的文化形态转换。它是指在社会存在发展决定的前提下,随着社会形态的改变而发生的文化革命。马克思指出:"人们在自己生活的社会生产中发生一定的、必然的、不以他们的意志为转移的关系,即同他们的物质生产力的一定发展阶段相适合的生产关系。这些生产关系的总和构成社会的经济结构,即有法律的和政治的上层建筑竖立其上并有一定的社会意识形式与之相适应的现实基础。物质生活的生产方式制约着整个社会生活、政治生活和精神生活的过程。"①马克思在这里阐明了具有一定意识形态性的观念文化不过是社会生活状态的观念体现和精神表达。当某一社会的经济结构与法律的、政治的上层建筑发生变化时,作为一定的社会意识形式的文化也会随之改变。从这个意义上说,中国的社会主义文化(包括计划经济体制下的"绝对一元化"的"革命文化"和当下的社会主义文化)是随着社会的经济结构、政治上层建筑的改变而发生的文化革命,是对资本主义文化、封建主义传统文化的超越,是在根本性质方面发生了改变的新的文化形态。

　　另一种形式是量变形式的文化形态转换。量变形式的文化形态转换是指社会形态没有发生根本的变化,文化性质也没有发生根本的变化,但是文化的思维方式、思想主题、价值旨趣、方式方法、理论形态和实践规范等方面的变化与发展特征等方面已经发生了根本性质的改变,主要表现为思维方式的突破、方法的更新、目标的重塑等,一言以蔽之,是"范式转换"。在马克思主义的理论视野中,"物质生

---

　　① 《马克思恩格斯文集》第2卷,人民出版社2009年版,第591页。

产对精神文化生产的决定性只能是从归根结底的意义上说才具有真理性,物质生产在精神文化生产获得独立性外观后一般状况下并不与精神文化生产发生直接联系","精神文化生产具有自身发展的内在逻辑"。[①] 因此,量变形式的文化形态转换"这种情况成为可能,而且成为现实"[②]。

社会主义和谐文化相对于计划经济体制下的"绝对一元化"的"革命文化"而言,就是文化的量变意义上的一种文化新形态。社会主义和谐文化作为一种文化新形态,作为一种思维方式,崇尚和谐、共在。发展自身并不是为了限制对手,要改变对抗性思维,学会协调和说服,使矛盾双方在竞争合作中实现双赢。追求和谐的理念意在获得文化发展的有序、互补、协调的规律性特征,主张从肯定他者的方式来肯定自身,实现新的和谐,它强调和谐是处理矛盾的基本方法论,以和谐为基本原则和价值取向,在实践中突出矛盾的统一性和一致性、平衡性,从而实现文化的和谐发展。和谐不是表面的,要探究矛盾共同体各方在系统运行中的相互依赖、相互依存、互相促进的作用机制和规律,最大可能性地降低冲突,最大可能性地寻求共识,求共生和发展。探讨不同文化间"说什么——对谁说——怎样说"的柔性方式。

培养和谐的思维方式,其基本文化路径是,从传统思维方式向现代思维方式转换;从封闭性思维方式向开放性思维方式转换;从求同、单向的思维方式向求异、多向以至逆向的思维方式转换;从超稳

---

① 胡海波、郭凤志:《马克思恩格斯文化观研究》,中国书籍出版社 2013 年版,第 129—130 页。

② 《马克思恩格斯文集》第 1 卷,人民出版社 2009 年版,第 535 页。

定、慢节奏的思维方式向动态多变、快节奏的思维方式转变。

（三）社会主义和谐文化是文化系统内文化要素的结构优化和有序化

和谐文化是文化系统要素的结构优化和有序化，在这个意义上，和谐文化＝文化和谐。和谐文化对和谐的诉求在于不同文化间和文化内部诸要素之间主次层次结构的有序运行状态，这种和谐有序的等级层次状态既是和谐的表征，也是文化进一步和谐演进的基础。文化多元并不意味着文化杂乱无章，只有多元文化系统内不同文化主次有序、层级井然才是文化和谐的常态。和谐文化的和谐诉求必然以建构不同文化间合理的等差顺序结构为任务。和谐凸显矛盾统一状态下矛盾多方地位、作用和关系的厘清和分析梳理。和谐文化诉求强调多元文化间的相互生发、相互依赖的有机统一的和谐状态，和谐是不同文化对立面的统一，反映了不同文化组成的矛盾统一体在其发展中矛盾对立面所表现出的共识性、协调性和一致性。包含着不同文化间在关系上的均衡互制、各安其位。所以，《中共中央关于构建社会主义和谐社会若干重大问题的决定》中指出："社会主义核心价值体系是建设和谐文化的根本。"这显然对和谐文化内部的主次有序、层级井然有清醒的主体意识和文化自觉。因此，多元文化的和谐客观上要求有一个核心的文化形态对一个社会中的其他各种文化起到价值引导和思想规范作用，否则只能陷入杂乱无章甚至冲突动荡。在社会主义条件下，这一核心的文化样态就是一个社会中的主流价值观，在社会主义公有制生产关系之上，这一主流价值观被概括为社会主义核心价值体系，"社会主义核心价值体系是兴国之魂,决定着中国特色社会主义发展方向。要深入开展社会主义核心价值体系学习教育,用社会主义核心价值体系引领社会思潮、凝聚社会共识。……牢牢掌握意识形态工作领导权和主导权,坚持正确导向,提高引导能力,壮大主流思想舆论。"①社会主义核心价值体系的思想引领和价值规范是文化系统结构优化和有序化的保障。

社会主义和谐文化建设,一方面要尊重文化多样性,另一方面要坚持社会主义核心价值体系建设,和谐文化这种双重性植根于人的文化生命的矛盾性:从自然生命意义上,人崇尚自由自在、思想自由、价值观自我、个性张扬,人的自然本性时刻处于个人自我现状的显露状态,表现出一种自在的合理性,任何规约都似乎是对其自由的侵害;而从社会文化生命意义上,人本质上是作为社会关系存在物,是一种自为的存在,人又有优化自己生存状态的深层次思想观念、价值追求和实践诉求,人的社会性必然成为对人的自然性的一种抑制力量。社会越开放,文化越多元,文化生命在社会交往中对安全性、秩序性的向往和追求就越强烈,社会主义和谐文化就是对复杂文化关系的有序化、组织化的理论设计和构建。

在这里,要特别指出,和谐文化的秩序实现,"要给予社会主义意识形态结构层次以科学的区分和非主流意识形态以合理的地位。……最重要的是划清学术理论研究、思想政治教育和宣传,以及人们在现实生活中指导其言行的思想意识这样三个层面,更重要的是要对不同的社会意识层面给予不同的意识形态政策"。"在学术研究层面,要防止政治强制性干预学术研究,坚决执行双百方针,鼓

---

① 《胡锦涛文选》第3卷,人民出版社2016年版,第638页。

励学术思想的自由探索和不同学术思想与学派的存在、争鸣、发展。……在思想政治教育和宣传层面,要立场坚定,旗帜鲜明,坚持正确的,坚决抵制腐朽文化,……在实际生活中应该允许、承认人们思想观念的多样存在和争辩。"①

三、社会主义和谐文化的基本特征

当代的社会主义和谐文化建设不仅是中国特色社会主义文化的重要组成部分,而且集中地体现了中国特色社会主义文化建设的本质要求。社会主义和谐文化作为社会主义文化,是与以往任何形态文化具有原则分野的文化;作为中国特色社会主义文化,是与其他国家社会主义文化相区别的、具有鲜明的中国特色的社会主义文化;作为社会主义和谐文化,是与以往"绝对一元化"的社会主义文化相区别的、以和谐为最高价值理念的文化。概括起来说,其本质特征表现在以下几个方面。

(一)鲜明的中国风格和中国内涵

文化是一个民族的血脉与灵魂,也是一个民族的身份象征。任何一种文化都是特定的民族在特定的历史条件下创造并传承下来的,无论何种文化的繁荣发展都必定打上民族的烙印,都带有鲜明的民族性。正如马克思指出的那样:"人们自己创造自己的历史,但是他们并不是随心所欲地创造,并不是在他们自己选定的条件下创造,

---

① 杨立英:《全球化、网络化境遇与社会主义意识形态建设研究》,人民出版社 2006 年版,第 149—150 页。

而是在直接碰到的、既定的、从过去承继下来的条件下创造。"①可见,民族文化的历史继承性内在地决定了社会主义和谐文化建设是在对中华传统和谐文化思想的批判与继承基础上延续和发展的。因而,社会主义和谐文化建设决不能否弃自身的民族和谐文化传统,它蕴含着鲜明的中国风格和中国内涵。

在中国的传统文化中,具有深厚的和谐思想、"合和"文化资源。儒家、道家等各家各派的代表人物,都从不同的角度阐述了和谐的思想。无论是强调人与自然和谐相处的"天人合一"思想,抑或强调人与人之间、人与社会之间和睦相处的"仁爱"思想,还是强调人与自身之间的和谐心理的"中和"状态,都展现了和谐的价值理念,以至于和谐理念逐渐成为传统社会广大民众的一种稳定的心理状态,并以隐性的价值观念为方式一直在影响和支配人们的行为,至今仍为广泛流传的"和气生财"、"和为贵"、"和衷共济"、"家和万事兴"等格言警句,无不闪耀着传统和谐文化思想的光辉。虽然它们带有不同时代和提出者阶级地位的烙印,但都在一定程度上反映了传统文化中广大人民群众对美好生活的向往。

文化是有源头和根基的,是有脉相承的。中国传统文化中深厚的和谐思想资源,体现在社会生活的各个方面:在人的价值观上体现的是"以和为贵",在人与自然的关系上体现的是"天人合一",在人际关系的处理上体现的是"和而不同",在家庭关系上追求的是"家和万事兴",在治国理政上追求的是"政通人和",在实业的经营上追求的是"和气生财",在民族关系的处理上采取的是"和亲"、"和

---

① 《马克思恩格斯文集》第 2 卷,人民出版社 2009 年版,第 470 页。

盟",在国与国的交往上追求的是"协和万邦",在艺术的表现上追求的是意与象、情与景、文与质、神与形等之间的完美和谐,在人的普遍心态上表现的是中庸平和、知足常乐,在传统思维方面倡导的是全面、整体地看待问题,注重从联系的整体的视角来认识事物、理解世界,重视事物之间的相互依存、相互转化的关系,在把握认识对象、处理事务的时候强调按照中庸的原则,做到"执两用中",即通过认识事物的两极来把握事物的现状,认识不能片面化,做事不能走极端。凡此种种,博大精深,深刻而全面地影响着中国人的思想和行为。而恰恰是这些和谐思想的因子,为今天的和谐文化建设提供了丰富的土壤和新的生长点。

我们当下所进行的中国特色社会主义文化建设绝不能离开已经熔铸在我们血脉中的传统文化。"在马克思、恩格斯看来,精神文化生产并不是人们随心所欲的创造,而是在直接碰到的、既定的、从过去承继下来的条件下的创造,都具有由他的先驱者传给他而他由以出发的特定的思想资料作为前提。"①需要指出的是,传统文化中的和谐思想毕竟是与传统社会生产方式相适应的文化思想,如果使之与当代经济、政治、社会的发展相契合,从而推进经济发展、政治民主、社会文明,就必须使之现代化,即传统和谐文化思想资源的现代转换问题。可见,当今和谐文化建设的提出本身就蕴含着如何使中国传统和谐文化的思想资源的当代转换问题意识,即如何让传统的和谐文化思想适应当代并为当下的社会主义和谐社会建设服务的问题意识。

---

① 胡海波:《马克思恩格斯文化观研究》,东北师范大学 2010 年博士学位论文,第 91 页。

（二）理性精神与人本精神的统一

自近代以来，人们高举理性的大旗，推翻了对上帝的崇拜代之以科学理性的崇拜。恩格斯对此指出："宗教、自然观、社会、国家制度，一切都受到了最无情的批判；一切都必须在理性的法庭面前为自己的存在作辩护或者放弃存在的权利。"①"知识就是力量"，西方的理性之光照耀了整个世界，由于巨大力量的展现而被人们称之为"理性的时代"。但是，科学理性给人们带来巨大的社会物质财富的同时，也产生了人的生存状态碎片化、生态危机等严重的现代化问题。霍克海姆、萨特等西方思想家们对科技理性展开了无情的批判，主张人的精神，倡导人文价值取向，形成了理性精神与人本精神的对立。

理性精神和人本精神同是人类对象性活动的产物，即人化的结果，本是人类文化的两个方面，何以如此紧张？马克思指出："每个原理都有其出现的世纪。"②不同的时代使人们面临的直接生活课题有所不同，人们解决问题的特定的路向就会不同，这就导致了从不同的路向生发出不同的文化精神。具体地说，人与自然之间的关系是人类生存首先要面对的基本关系，这就逻辑地派生出两种迥然相异的文化路向——以人为本位的"求善"的路向与以物为本位的"求真"的路向，相应地生发出两种不同的文化精神——人本精神与理性精神。两者之所以形成文化的内在紧张，就在于现代的思想家们各执一端，要么"见人不见物"，要么"见物不见人"。换言之，根本症结就在于二元对立思维方式的局限性。

---

① 《马克思恩格斯文集》第3卷，人民出版社2009年版，第523页。
② 《马克思恩格斯选集》第1卷，人民出版社1995年版，第146页。

社会主义和谐文化以对立统一的辩证思维方式取代了主客二元对立思维方式,将理性精神与人本精神有机地统一起来,形成了社会主义和谐文化的一个重要特征。

首先,社会主义和谐文化倡导人与自然之间的和谐,是开发利用与保护的统一,是以尊重自然规律为前提的。换言之,没有对自然规律的尊重,就不会有真正的人与自然之间的真正和谐。社会主义和谐文化强调人与人之间、人与自身之间的和谐,是在社会实践的基础上对当今我国社会主义初级阶段的社会发展进程中涌现出的问题的正确解决,是以尊重社会发展规律为前提的。社会主义和谐文化倡导不同文化之间的和谐发展,恰恰是建立在对文化发展规律的充分认知基础上的,这都充分地展示了社会主义和谐文化的理性精神。

其次,社会主义和谐文化是"以人为本"的文化,促进和保障人的全面发展的文化。"以人为本"是社会主义和谐社会建设的本质和核心,从社会主义和谐社会建设的六个方面来看,民主法治在于保障人民的自由权利;公平正义要使人共享劳动成果;诚信友爱在于提升人文素质与精神境界,培育人的存在价值;充满活力在于调动人的积极性与主动性,实现人的价值;安定有序是要创造一个使人安居乐业的环境,保障人的生命权利;人与自然之间的和谐在于维护人的生存家园。社会主义和谐文化又是社会主义和谐社会的精神体现,是社会主义和谐社会人的精神状态的反映。社会主义和谐文化建设的过程就是以人民群众的精神需求为价值旨归,努力提升人的素质、促进人的全面发展的过程。因而,社会主义和谐文化是"以人为本"的文化,人本精神是社会主义和谐文化的重要内涵。

最后,社会主义和谐文化以辩证统一的思维方式将理性精神与人本精神有机地统一起来,两者相辅相成、相互促进。社会主义和谐文化建设奉行和谐的理念和价值取向,摒弃了各执一端的主客二元截然对立的思维方式,将理性精神与人本精神统一起来。同时,社会主义和谐文化的理性精神与人本精神的统一是有机的统一,根本缘由在于科学精神是人本精神的前提和基础,没有理性精神的发扬,没有经济社会的充分发展,人的全面发展就失去了物质保障;人本精神是理性精神的目的和归宿,理性精神的发扬、经济社会的发展,最终的价值旨归就在于人的全面发展。可见,社会主义和谐文化建设体现了理性精神与人本精神的统一,是一种既倡扬理性精神又充满人本精神的现代文化新形态。

(三)社会主义性质的本质规定

当下我们所进行的和谐文化建设不是广义的和谐文化建设,而是社会主义和谐文化建设。这是社会主义和谐文化与以往一切和谐文化的根本差别所在,社会主义性质是社会主义和谐文化最基本的规定。

首先,社会主义和谐文化是一种与中国特色社会主义社会发展相适应的中国特色社会主义先进文化。当前,存在着一种似是而非的说法,和谐文化是中华传统文化的发扬,马克思主义是斗争哲学,中国人是从"和"而来,必须倡扬中华和谐文化。① 这种观点背后其实暗匿着一种避开社会性质的"去意识形态化"的倾向。在马克思主义理论视野中,文化从归根结底的意义上说,是一定的社会形态的

① 方克立:《关于和谐文化建设研究的几点看法》,《高校理论战线》2007年第5期。

反映,是一定的社会制度的精神体现。因而,不同社会形态下的文化差异不仅仅是历史阶段的差异,更是社会基本性质的差异。这种把传统文化中的和谐思想资源当作社会主义和谐文化根本的观点之所以忽略两者在社会形态上的差别、隐去社会基本性质的不同,主要目的就在于要否定社会主义先进文化的主导地位。

社会主义和谐文化不仅是一种与社会主义社会相适应的文化,更是一种先进文化。江泽民提出:"在当代中国,发展先进文化,就是发展面向现代化、面向世界、面向未来的,民族的科学的大众的社会主义文化。"①因而,当下的社会主义和谐文化建设必然是坚持社会主义基本性质的先进文化,也只有不断保持其先进性,才能更好地彰显其社会主义的基本性质。

其次,社会主义和谐文化是以社会主义核心价值体系为根本的和谐文化。社会主义和谐文化与其他文化相区别的一个明显差别就是:它既非纯粹的一元文化,也不是完全意义上的多元文化,而是以社会主义核心价值体系为根本,多样文化共存共生的文化状态。因此,以社会主义核心价值体系为根本的社会主义先进文化一元主导与多样文化共存的辩证统一是社会主义和谐文化的一个鲜明特征。文化的人类性和民族性是共存的,任何一种主流文化都必然表征着特定的民族精神、凝练着一定民族的愿望和梦想,文化如果缺失了民族性和时代性就是无文化,以社会主义核心价值观为根本的社会主义先进文化集中体现着中华民族的民族精神,习近平在十二届全国人大一次会议上的讲话将这种民族精神概括为"中国精神",并提出

---

① 《江泽民文选》第3卷,人民出版社2006年版,第559页。

实现中国梦必须弘扬中国精神，"这种精神是凝心聚力的兴国之魂、强国之魂。爱国主义始终是把中华民族坚强团结在一起的精神力量，改革创新始终是鞭策我们在改革开放中与时俱进的精神力量。全国各族人民一定要弘扬伟大的民族精神和时代精神，不断增强团结一心的精神纽带、自强不息的精神动力，永远朝气蓬勃迈向未来"①。实现中国梦是中华民族伟大复兴的思想表达与价值追求，是中华儿女共同的心愿，以社会主义核心价值体系为根本的社会主义和谐文化作为新世纪的中国精神必将走在中华民族伟大复兴征程的前列。

"思想大活跃、观念大碰撞、文化大交融"是 21 世纪文化发展所经历的不争的事实。在当代中国，具体地表现为传统文化与现代文化、先进文化与落后文化、外来文化与中华文化、精英文化与大众文化、高雅文化与庸俗文化等不同的文化之间的交融碰撞。在这样的历史境遇下，就必须坚持以社会主义核心价值体系为根本与多样文化共存的辩证统一。只有坚持社会主义先进文化的一元主导，社会主义和谐文化建设才能保持其本身的社会主义性质，才能保持其社会主义文化的先进性，才不至于迷失方向、失去根基；同时，也必须保持文化的多样生态。中西文化的发展史反复表明：一种文化只有在多样文化共存中才能共生，也即繁荣发展。因而如果没有多样文化的共存生态，不仅主导文化的主导地位无从体现，社会主义文化也难以实现真正的繁荣发展。

最后，社会主义和谐文化是实现了历史超越的大众文化。社会

---

① 《习近平谈治国理政》，外文出版社 2014 年版，第 40 页。

主义和谐文化建设是我们党用唯物辩证的观点深刻把握文化发展客观规律的重要体现,是用和谐的态度、理念承继和弘扬中华民族、世界其他国家民族优秀文明成果,是在"百家争鸣"中通过"古为今用"、"洋为中用"的方式实现"为社会主义所用"的先进文化建设,既是一次重大的理论创新,更是对以往文化的社会主义超越。

大众性就是这种超越的一个重要特征。非社会主义文化在本质上通常都是为少数的统治阶级服务的。马克思指出:"统治阶级的思想在每一时代都是占统治地位的思想。这就是说,一个阶级是社会上占统治地位的物质力量,同时也是社会上占统治地位的精神力量。"①而社会主义和谐文化却截然相反,它是以人为本,尊重群众文化意愿,满足人民群众文化需求,促进人的全面发展的文化。可见,大众性是社会主义和谐文化基本性质的一个重要展现。

(四)现代性的重要表征

从历史断代的意义层面观照,现代性是与传统相对的一个概念,往往指涉的是封建社会以降人们社会生活呈现出的新的时代性。吉登斯认为:"在其最简单的形式中,现代性是现代社会或工业文明的缩略语。"同时,他还认为,文化或是价值观念体系是现代性的重要表征。"与任何从前的文化都不相同,它生活在未来而不是过去的历史之中。"②正是这个原因,也有许多学者直接从文化的维度定义现代性,如胡伟希教授认为:"所谓现代性,自然是指与西方现代社

---

① 《马克思恩格斯文集》第1卷,人民出版社2009年版,第550页。
② [英]安东尼·吉登斯、克里斯多弗·皮尔森:《现代性——吉登斯访谈录》,尹宏毅译,新华出版社2001年版,第69页。

会生活相适应的一套价值思想观念。"①这说明,尽管现代性这个术语歧义纷呈,可以统摄社会生活的方方面面,但文化能够集中地反映出现代性的核心内容,多数学者都侧重于从思想价值观念或文化方面探讨现代性问题。

由于近代中国社会积贫积弱的特定历史境遇,发端于五四新文化运动的中国文化的现代性转换过程常常表现为向西方文明学习的过程。在许多知识分子的视野中,西方文明是先进的文明,中国传统是落后的文明,现代化就是西方化。冯友兰先生曾经写道:"西洋文化之所以是优越底,并不是因为它是西洋底,而是因为它是近代底或现代底。……我们的文化是中古底。"②持文化保守主义立场的学者与持激进主义立场的学者展开了一场"中化"抑或是"西化"的文化大论战。囿于中西二元对立思维定式的限制,当时的文化主将们无法找到保存民族文化之根与学习西方文明之间的平衡点,因而这场文化论争注定是不能真正解决中华文化的出路问题的。

随着改革开放的深入和中国现代化发展战略的重新调整,中西文化之争的语境再度生成,20 世纪 80 年代末涌现的"西化"激进热潮很快就迎来了 90 年代的"传统"热潮,理论与历史似乎又回到了起点,五四新文化运动时期又以新的形式被提起:如何在学习西方与保持民族自主性之间的张力中实现文化的发展。正当我们努力学习西方文化时,现代性的悖论性存在又加重了中国文化现代化出路探寻的迷茫和彷徨。

---

① 胡伟希:《传统与现代性》,《学术月刊》1996 年第 8 期。
② 冯友兰:《贞元六书》(上),华东师范大学出版社 1996 年版,第 229 页。

　　社会主义和谐文化建设的提出为当代中国文化发展提供了一条切实可行的出路,它以对立统一的辩证思维方式确认文化多样性的存在,以和谐的方式为中西文化之间、传统文化与现代文化之间的协调发展找到了平衡点,能够使多样性的文化在共存中互相吸纳、汲取对方的合理性因素,最终实现文化的繁荣发展与社会的和谐。以和谐为理念和价值取向,以"社会和谐"、"以人为本"等为价值旨归展示了现代社会所具有的精神风貌。同时,在社会主义和谐文化建设中,各种文化之间的关系是以一定的文化秩序存在的,这种文化秩序是通过社会主义核心价值体系的引领来实现的。社会主义核心价值体系是社会主义和谐文化的根本,是社会主义和谐社会价值观念的高度凝练,是社会主义先进文化最为主要的核心内容,其现代性的内涵具体表现在指导思想、社会理想、精神动力与思想道德基础等四个方面。马克思主义以其科学的世界观和方法论指导当下的社会主义建设,是社会主义意识形态的灵魂和旗帜,决定着和谐文化的性质和方向;中国特色社会主义反映了广大人民的共同愿望,是当代社会各阶层、各个利益群体认同和接受的共同理想,能够凝聚社会各界力量;民族精神和时代精神是中华文化中积极健康的价值观的集中体现,是建设中国特色社会主义、实现民族伟大复兴的强大精神力量;社会主义荣辱观是中华传统美德与时代精神的统一,是社会主义世界观、人生观、价值观在道德领域的集中展现,对构建社会主义和谐社会具有基础性的价值规范功能。

　　总之,社会主义和谐文化是对西方文化现代性的超越,开辟了一条"中国特色"文化现代化道路,是以社会和谐、以人为本等价值理念所展示的现代性精神风貌与社会主义先进文化的统一,是现代和谐社会所彰显的社会主义核心价值体系引领的多样文化的和谐共存，是现代性与先进性的内在统一。可见，现代性是社会主义和谐文化的重要表征。

四、社会主义和谐文化的功能

和谐是一个关系范畴，社会主义和谐社会所要达到的和谐应该涵盖人与自然之间关系、人与人之间的社会关系、人与自身之间的关系以及在全球化的时代背景下的中国与世界的关系等几个方面。社会主义和谐文化作为与社会主义和谐社会相适应的一种文化形态，虽然不能直接改变社会，但能够塑造人，通过人来改造社会，因而社会主义和谐文化可以从人与自然之间、人与人之间、人与自身之间、中国与世界之间等几个方面为社会主义和谐社会建设提供文化指引和精神支撑。

（一）为构建人与自然的和谐关系提供思想方法

21 世纪人类的生存状态面临着众多的挑战。科学技术与现代工业的快速发展不仅给人们提供了丰裕的物质财富，同时也引发了一系列的使人焦虑的问题，如生态问题、能源问题、环境问题等，并由此产生了种种关于人与自然如何相处的社会思潮。对此，恩格斯早就指出："我们不要过分陶醉于我们人类对自然界的胜利。对于每一次这样的胜利，自然界都对我们进行报复。"[1]恩格斯 100 多年前

---

[1] 《马克思恩格斯选集》第 4 卷，人民出版社 1995 年版，第 383 页。

的预言在当下正在逐渐成为可以经验的现实。

　　当代的人类若想摆脱这种全球性的人与自然的不和谐困境,仅仅停留于经济、政治、科技等物质层面是难以奏效的,还必须深入到思想文化的精神层面,在传统文化价值理念反思的基础上,重构一种人与自然协调发展的文化价值理念。人与自然的这种不协调的困境,其思想文化根源在于主客二元对立的思维模式。

　　启蒙运动以来,随着人类思维能力的不断提高和科技的不断进步,人类逐渐从自然崇拜的自然主义而转向人类中心主义价值观。这种文化价值观将人从自然界中分离出来,并将人作为自然的对立物而存在,形成了主客二元对立的思维模式。著名的哲学大师康德、黑格尔就是这种思维模式的典型代表:康德主张"人为自然立法"与"自然向人生成",黑格尔提出人与自然的主奴关系。

　　西方近现代文明承袭了这种思维模式,并在人类理性的"世界祛魅"过程中生成了工具——目的理性主义的文化价值观念,最终引发了"现代性危机"。这种危机,一方面表现为人与自然关系的异化,最终结果是人对自然的无情掠夺导致了当今全球性的生态危机;另一方面,人与自然的异化导致了人与人关系的异化,最终结果是目前的精神家园失守。

　　恩格斯曾经指出:"我们连同我们的肉、血和头脑都是属于自然界和存在于自然之中的;我们对自然界的全部统治力量,就在于我们比其他一切生物强,能够认识和正确运用自然规律。"①通过恩格斯这段话的解读,人们在如何对待人与自然之间的关系方面可以得到

---

　　①　《马克思恩格斯选集》第4卷,人民出版社1995年版,第384页。

如下启发:其一,人首先应是自然存在物,是"属于自然界和存在于自然之中的",人与自然必须和谐相处。其二,人又是能够超越一切生物的社会存在物,因为他"能够认识和正确运用自然规律",并由此确立一种人与自然能够和谐发展的文化价值观来规范人们的行为以确保人与自然真正的和谐发展。社会主义和谐文化就是一种正确处理人与自然关系的思想方法。

社会主义和谐文化强调"人与自然"既不是人与自然混沌未分的自然崇拜的绝对同一,也不是近现代目的——工具理性主义的主客二元截然对立,而是以矛盾的同一性为基本的方法论依据,强调对立统一的和谐关系。这种关系是保护中开发与开发中保护的有机统一,是超越了朴素的绝对同一的"和谐"与近现代文明的截然对立的"胜利"的、在更深层次上对人与自然关系的认知,是建立在开发利用自然基础上的人与自然的"共赢"——和谐发展。

(二)为社会主义和谐社会建设提供思想基础和精神动力

以和谐的思维方式化解社会矛盾和冲突,形成崇尚和谐的社会风尚,是社会主义和谐社会建设的核心内容之一,也是社会主义和谐文化建设的题中应有之义。当前,我国既处于社会发展的机遇期,也处于社会矛盾凸显期,即经济建设取得举世瞩目成就的同时,社会矛盾与问题也逐渐凸现出来:如,区域、城乡发展并不平衡,就业、医疗、教育、社会保障、住房、安全生产、收入分配等与人民群众切身利益相关的问题亟待解决,诚信缺失、道德失范现象比较突出,民主法制还不健全,体制机制尚不完善,贪污腐败现象依然比较严重,意识形态领域的矛盾与冲突日渐尖锐等。

当前社会矛盾的主体,有的是各阶层之间、各种社会组织之间,有的是群体与群体之间,有的是社会与各阶层、各社会组织、各群体之间,有的是个人与社会或与组织与群体之间,有的是个人与个人之间,而所有矛盾与冲突的焦点无非就是利益,且主要是物质利益。可以说,利益主体多元化,不同利益主体之间复杂的关系,利益矛盾的内容广、层次多,利益矛盾公开化且强度加剧等等,是当前我国频发的社会矛盾的普遍表现。协调各种社会利益主体之间的关系,既需要有效的利益协调机制、健全的法律调节机制,也需要价值观体系的引导和规范。和谐文化以社会主义核心价值体系为根本,倡导爱国主义、集体主义、社会主义思想,强调"和而不同"、以和为贵,主张个人之间相互尊重、相互宽容、相互信任、相互帮助,反对相互敌视、相互欺诈、相互对抗,这对于化解社会矛盾、促进社会和谐发展具有极其重要的意义。

社会主义和谐文化建设倡导以和谐为理念,最根本的就是以社会利益主体之间利益关系的和谐为价值取向。要尊重照顾平衡各方的利益,就必须要摒弃以自我为中心、只为自己、不顾他人的利己主义思想。马克思曾经指出:"人的本质不是单个人所固有的抽象物,在其现实性上,它是一切社会关系的总和。"①这就是说,人是社会关系的承担者,人总是一定社会关系中的人。具有独立人格的个人若要获得个人的权利和自由,实现自我的人生价值,就要得到他人对自己的尊重和认同,并被社会所需求接受。这样,就要关心他人的需求和利益,尊重他人的独立和人格,注重社会环境的管理和建设,并在

①《马克思恩格斯选集》第1卷,人民出版社1995年版,第60页。

其中实现自己的权利,履行自己的责任。邓小平曾说过:"在社会主义制度之下,个人利益要服从集体利益,局部利益要服从整体利益,暂时利益要服从长远利益,或者叫做小局服从大局,小道理服从大道理。"①"我们提倡按劳分配,承认物质利益,是要为全体人民的物质利益奋斗。每个人都应该有他一定的物质利益,但是这决不是提倡各人抛开国家、集体和别人,专门为自己的物质利益奋斗,决不是提倡个人都向'钱'看。要是那样,社会主义和资本主义还有什么区别? 我们从来主张,在社会主义社会中,国家、集体和个人的利益在根本上是一致的,如果有矛盾,个人的利益要服从国家和集体的利益。"②可见,社会主义和谐文化所指涉的正视问题、化解矛盾,强调的是人们在利益关系处理和各种社会矛盾解决时,要以和谐为理念,在社会交往中要互信、互助、互爱,形成崇尚和谐、人与人和睦相处的良好社会风尚,从而促进整个社会的和谐发展。

总之,当代中国的社会矛盾的日益突显,思想观念的纷繁多样,迫切要求人们能够正确处理人与人之间的社会关系,使之能够得到和谐发展。作为一种价值理念的社会主义和谐文化是千百年来人们所孜孜以求的文化理想状态,以其具有精神整合和价值导向功能整合各种社会思想观念,能够在社会成员的精神层面生成共同的社会理想、价值取向、信念追求等,为社会主义和谐社会建设提供思想基础和精神动力,引导人民大众以和谐的思维方式来处理社会生活中的复杂问题,不断增加社会生活中的和谐因素,从而推动社会和谐发展。

① 《邓小平文选》第 2 卷,人民出版社 1994 年版,第 175 页。
② 《邓小平文选》第 2 卷,人民出版社 1994 年版,第 337 页。

（三）为人的精神和谐提供思想观念

人的自我和谐,或者说人的精神世界即人的心灵的和谐,是实现人的全面发展的重要内容。从理论上讲,与科学技术的不断进步、物质财富的日渐积累相适应的应当是,而且必然是人类在社会生活、道德文明等方面的不断跃迁。然而当今的事实却呈现出相反的一面:环境污染、能源短缺、生态破坏等人与自然不和谐,人的物欲不断扩张、道德水平的下滑等造成的人与社会关系紧张,当代工业文明的产物——"单向度的人"正日益丧失精神家园,人与自身不协调等等都在挑战当代人类的智慧。正如吉登斯的断言:"现代性的一个特色就是道德沦丧。"①经济的全球化与网络等信息技术的普遍应用,虽然使人与人之间、人与社会之间的交往越来越便捷、越来越密切,但人与人的心灵之间的距离却越来越远。人们在建筑物质家园的同时,却失去了精神家园:一方面,现代大工业要求人们高度密切合作,使人与人之间的联系得到空前的加强;另一方面,现代化的竞争机制难以使人以诚相待,人与人之间的心灵沟通匮乏。现代文明给现代人的心灵带来了焦虑与困惑,精神的问题不仅没有因为物质的富裕得到解决,相反却变得更加复杂和迷茫,心灵的空虚与物质的丰富成了正比关系。

今天的中国社会,正在从传统走向现代,中国人在享受现代化带来的经济发展、历史进步的成果时,也已经开始品尝到其引发的一些苦果,比如物欲的奴役、人性的物化、道德的滑坡、诚信的缺失、人情的冷漠等等。而从根本上说,这些现象的产生,是社会转型期的人们

---

① ［英］安东尼·吉登斯:《民族——国家与暴力》,赵力涛、胡宗泽译,三联书店1998年版,第370页。

过度地、片面地强调物质的需求、财富的拥有,而忽视精神价值的结果。现代化的发展不应只是物质文明的发展,更应是精神文明的进步和人的全面发展。现代化的发展必然要求人们正确处理物质价值与精神价值的关系,创造物质财富与守望精神家园的关系。现代化的进程致力于推动科技进步、发展市场经济和民主政治,这些只是实现人的存在价值的手段和过程,而不是人的存在价值的终极目的。当我们把人生的全部意义倾注于物质价值的追求时,就会引发人与自然之间的对立,引发社会各种不和谐的因素,最终将不可避免地导致人性的物化和道德的沦丧,使人丧失支撑其生命活动的价值根基和意义归属,从而陷入无止的精神迷茫和意义危机中,使人的身心发展失衡而走向片面的畸形的发展。

综上所述,当代人类的幸福指数不仅仅是物质财富增多,更需要在精神层面对以往人的主体性问题进行深刻反省。由于人们以往对人的主体性的片面强调,物质享乐等非理性因素失控,缺乏人类活动的边界的限制,必然引发精神家园失守的困境。现在,人们已经越来越认识到,人的精神需要对于人的存在的重要的意义:人的自身素质与自我修养,健康的心态与完善的人格,是人的身心和谐的重要标志,也是人类社会全面发展的基本条件。社会主义和谐文化建设的提出正是表达了当代人精神需要和谐的美好愿景。

社会主义和谐文化建设不仅倡导人与自然之间、人与社会之间、人与人之间和谐发展,也在精神层面倡导人的身心和谐。人的身心和谐,指涉的是人的精神与躯体、主体的自我与客体的自我要实现和谐的统一,人要真正成为自身的主宰。实现人的身心和谐,关键在于人要以自身的理性的主体意识和主体能力引导、节制人的贪欲等非理性因素。人类文明的演进,所凭借的恰恰是理性对待自然能力的提高,绝非是本能的绝对满足、欲望的无限膨胀。人类当下所面临的种种"现代性"的遭遇,也绝非是人类理性发展的必然,而恰恰是人们陶醉于物质享乐等非理性价值追求的结果。人对自身主体性的认知程度直接决定着人类认识世界和改造世界的程度和人的精神世界充实程度。因而,和谐文化倡导人的身心和谐、强调人的精神世界的提升,有助于人的精神归属感的增强,有利于促进人的精神家园重建。

（四）为维护世界和平构建和谐世界提供智慧

当今的世界,各国贫富差距进一步加大,发展不平衡问题日益突出,这既是当今人类社会所面临的一个主要的时代问题,也是当代社会存在着诸多不和谐因素的主要表现,是局部地区冲突与战争不断的重要根源。当今世界之所以不和谐,其根本原因就在于后发国家与西方发达国家在全球化竞争中的地位不平等、发展不平衡。联合国的《人类发展报告》认为:"迄今为止的全球化是不平衡的,它加深了穷国和富国、穷人和富人的鸿沟。"

尽管世界各国在经济领域、意识形态领域、文化领域等方面的矛盾冲突不断,但是,人类共同向往美好生活的脚步是永不停歇的,和平与发展仍然是当今时代的主题。人类的文化具有多样性,正是各国文化乃至整个人类文化不断演进的动力和源泉。尊重其他民族国家的历史文化传统,承认世界文化多样性存在的这个基本事实,是每个国家所应持有的基本态度。2001 年末,在美国"9. 11"事件之后不久,联合国教科文组织第 31 届大会就通过了《文化多样性宣言》。

之后,又在 2005 年 10 月 20 日第 33 届大会上通过了《保护文化内容和艺术表现形式多样化公约》(简称《文化多样性公约》)。教科文组织的绝大多数国家表明了自己的立场:只有不同文化间的对话才是和平的保证。这是国际社会为捍卫世界文化多样性所取得的重大成果,它意味着文化多样性原则被提高到国际社会应该遵守的伦理道德高度。

和平与发展的时代主题,呼唤国际交往、文化交流中应该具有和谐的理念。和谐文化倡导的价值理念和追求的价值目标,也正与当今时代和平与发展的主题相契合。和谐文化追求的就是和而不同、共生共长。当今世界,实现和平与发展,就需要有和谐的文化环境。局部的战争冲突,国家之间的经济与政治利益上的较量,归根结底是文化观念上的冲突,价值观念上的差异。和平与发展,需要人类社会不同国家、不同民族间包容认同彼此的文化和价值观念。

第四章 社会主义和谐文化 建设的条件和路径

  在新的历史条件下,随着改革开放的纵深发展,经济社会发展过程的各个方面都出现了前所未有的变化,中国社会进入大调整、大变革、大发展时期。随着物质财富的积累和人民生活水平的提高,经济社会领域也出现了诸多不和谐的现象,随着开放程度的提高、西方国家的文化侵略和意识形态渗透,各种外来文化与本土文化同台竞技,多元思想文化相互冲突、激荡与整合,人们个体的独立性、选择性、差异性日益明显,个体意识、自我意识、小团体主义、拜金主义等不和谐的思想文化观念无时无刻不在影响着我们国家文化品格的塑造。因此,以社会主义核心价值体系引领中国文化的发展方向,塑造以和谐的文化理念、和谐的价值观为精神实质的国民性格,有效推进社会主义和谐文化建设,需要全社会多个领域协同推进,多个方面齐抓共管。在如何有效地推进社会主义和谐文化建设的问题上,我们认为,利益和谐、民主政治的发展和生态文化的传播是社会主义和谐文化建设的条件保障;协同行动下的集体共识构建、思想自我的生成、公共领域的精神形塑、人的精神家园的关切及社会主义意识形态新形象的树立是建设社会主义和谐文化的思想路径;同时,只有把握社会主义和谐文化建设的规律性,才能有效地推进社会主义和谐文化建设。

一、经济社会协调发展是和谐文化建设的条件保障

(一)利益和谐是文化和谐的经济基础

马克思主义的历史唯物主义揭示了经济基础决定上层建筑、有什么样的经济基础就会有什么样的上层建筑与其相适应的基本原理,落实到人们的现实生活就是从根本上来说,人民群众有什么样的经济生活、结成了怎样的经济关系就会有什么样的精神文化生活。物质文明的发展程度直接决定着精神文明发展的程度;经济建设水平的高低以及在生产力基础上人们结成怎样的经济关系,直接决定着文化的发展水平。社会主义市场经济的建立与深入发展,一方面为中国社会带来了巨大的物质财富,使中国人摆脱了穷困、饥饿与贫病的困扰,实现了小康社会的价值追求,同时也使中国人的生活方式和思维观念发生了翻天覆地的变化。但同时我们也应该坚持理性的眼光,看到发展的不平衡性造成城乡之间、不同地区之间、不同阶层之间以及不同单位之间人与人的利益出现了巨大的差异性,由此产生了诸多的社会矛盾与社会冲突。根据唯物史观原理,有什么样的生活就有什么样的思想,不和谐的物质生活必然造成思想文化的不和谐。建设和谐文化,必须首先解决经济利益领域中的现实矛盾,利益和谐是文化和谐的前提和基础。

人要进行生命活动、发挥自身的本质力量、创造属于自己的历

史,就离不开"一切历史的基本条件"、"一切历史的前提",那就是生产满足衣食住行这一人类生存发展第一需要的物质生活资料。而为了获取生活资料,就必须要有生产资料,生产资料是生活资料的来源和获取的手段,生活资料和生产资料就构成了人的物质利益或者说经济利益的实质性内容,因此我们说在阶级社会里,哪一个阶级占有了生产资料,哪一个阶级在社会产品分配中就占据着优势地位,就成为统治阶级,相反则成为被统治阶级。物质利益的获得是满足人的生存需要的前提条件,生存需要无法得到满足直接造成人的生命不能维持、种族不能延续,其他的人类社会的一切事物和创造也就失去了存在的意义。与人类相比,动物也有生存需要,但是这种"需要"本身并不是出于动物的自觉意识,动物的生存需要是通过其生理本能直接从自然界中获取"猎物"来满足的,弱肉强食是动物的生存法则。但是人则不同,人的类本质在于其有自由自觉的意识,从事自由自觉的劳动实践与创造,无论现实中的劳动在多大程度上处于异化状态,人要通过劳动实践即改造自然的活动来获得生存资料,并且要关注与讨论在这样的活动中所结成的人与自然界之间的关系、人与人之间的关系、人与自我的关系,以期实现自身利益的最大化,这都源自人是有主体意识、有自觉的目的、愿望的类存在物。因此,在人类生存与发展的本体论考察的意义上讲,马克思主义把物质生活资料的生产和再生产看成是人类社会历史得以存在与延续的第一个前提,把这种改造自然、获取物质生存资料的能力的发展看成是人类社会存在的物质基础和社会前进的根本动力。

改革开放以来,中国经济发展在城乡之间、区域之间的差距越来越大、越来越明显,发展不平衡性的矛盾越来越突出。首先,从城乡居民的收入增长来看,20 世纪 80 年代后期也就是改革开放初期城乡收入比例为 1.8︰1,到了 20 世纪 90 代中期,这一数据扩大到 2.5︰1,而到了 2003 年,这一比例继续扩大为 3.2︰1。这只是从单纯的居民收入状况来看得出的数据,实际上如果把社会保障、医疗卫生服务、教育资源、基础设施建设等因素综合考虑进去,城乡居民物质生活水平差距的比例远不止 3 倍,而可能会是 6 倍以上。① 党的十六大以来,随着科学发展观的深入落实,中央在解决"三农"问题上出台了一系列惠农惠民政策,尽量缩小城乡之间的差距。根据 2012 年 4 月国家统计局公布的数据显示,2012 年第一季度全国城镇居民人均可支配收入为 6796 元,扣除价格因素同比实际增长 9.8%;农村居民人均现金收入 2560 元,实际增长 12.7%。中国社会科学院农村发展研究所也在 2012 年 4 月发布了《2012 年农村绿皮书》。数据显示,2011 年农村居民人均纯收入实际增长 11.4%,城乡居民收入差距和区域差距均呈缩小态势。预计 2012 年农民人均纯收入增长速度仍然较快,城镇居民人均可支配收入与农村居民人均纯收入之比或将缩小到 3︰1 左右。其次,从地区发展来看,2011 年中国内陆各省、自治区、直辖市的国内生产总值的差距依然很大,总量上排名第 1 位的广东省(53000 亿元)是排名第 31 位的西藏自治区(605 亿元)的 87.6 倍,人均排名第 1 位的天津市(86496 元)是人均排名第 31 位的贵州省(16117 元)的 5.36 倍。胡鞍钢教授在 2011 年 8 月 19 日人民网《人民论坛》上的《中国地区差距的变迁情况》一文中指出,当前的中国,呈现"一个中国、四个世界"的局面:第一世界,高于上中

---

① 《构建社会主义和谐社会大参考》,红旗出版社 2005 年版,第 92 页。

等收入国家平均水平,如上海和北京;第二世界,高于下中等收入国家,但低于上中等收入国家平均水平,如天津、广东、浙江、江苏、福建和辽宁;第三世界,高于低收入国家平均水平,但低于下中等收入国家平均水平,如河北,以及东北和华北中部地区;第四世界:低于低收入国家平均水平,如中西部贫困地区、少数民族地区、农村地区、边远地区。"四个世界"的说法恰当地揭示了中国区域之间发展的不平衡性、不协调性,地区发展差异显著。

由于城乡之间、地区之间发展的不平衡和收入分配差距的拉大,贫富差距所导致的"两极分化"问题已经成为一个普遍存在并应该引起高度重视的问题。据世界银行的报告显示,中国社会的基尼系数已经扩大到 0.458,超过国际公认的 0.4 警戒线。据中国国家统计局的数据显示,内地最富裕的 10% 的人口占有了全国 45% 的社会财富,而最贫穷的 10% 的人口所占有的财富仅为 1.4%。邓小平曾经有过精彩论述,指出贫穷不是社会主义,社会主义的本质就在于消灭剥削、消除两极分化,最终实现共同富裕。尽管共同富裕并不等于同步富裕,一部分地区和个人先富起来不是目的,而是手段,目标在于先富带动后富、改革发展的成果由全体人民共享,但只有防止两极分化,才能巩固好社会主义制度的基础不动摇。

贫富差距的扩大,造成了利益分配的失衡,利益分配的失衡会进一步导致贫富差距的扩大,由此产生了诸多的社会矛盾和社会问题。在当前社会矛盾多发、社会问题此起彼伏的大变革大调整时期,如果处理得好,就可以及时化解矛盾、保持社会的稳定健康发展,符合党和人民群众的根本利益;如果处理方式不当、处理不及时,则会使社会动荡不安,发展成果不能被人民所共享,甚至党的执政基础和社会主义制度的基础都可能发生动摇。同时,这也对领导人提出了艰巨的考验。胡锦涛指出:"和谐社会,要从解决群众最关心、最直接、最现实的利益问题入手,为群众多办好事、实事。这是坚持以人为本的必然要求,也是坚持发展为了人民、发展依靠人民、发展成果由人民共享的必然要求。"①在十八届中央政治局常委与中外记者见面会上,习近平强调:"人民对美好生活的向往,就是我们的奋斗目标。"由此,认真解决事关人民群众最根本利益的问题,一切从实际出发,从人民群众的根本利益出发,想人民之所想,急人民之所急,是构建社会主义和谐社会、提高国家综合实力和国际竞争力所要重点解决的关键问题。物质利益是人的言行的驱动力,物质利益的满足和合理分配会为人的精神文明的塑造提供坚实的基础和强大的动力,利益的问题最大化地得到解决,和谐文化、和谐社会的构建也便敞开了大门。马克思说:"人们奋斗所争取的一切,都同他们的利益有关。"②利益同需要紧密相连,利益是人的需要对象的总和,是人们追求的目标。人们的利益得到实现,需要就得到满足。

(二)民主政治的发展是保证和谐文化实现的社会政治条件

所谓民主政治,是指在社会冲突的管理、秩序的建立及平等、自由、人民主权的实现等价值理念中和平地运用公共权力的政治运行方式和过程。它具有两重性:其一,民主政治具有特殊性,民主政治反映国家的阶级本质,这是因为公共权力运作方式的不同反映着生

---

① 胡锦涛:《深入贯彻落实党的十七届五中全会精神,不断开创中国特色社会主义事业新局面》,《求是》2011年第1期。
② 《马克思恩格斯全集》第1卷,人民出版社1956年版,第82页。

产资料的占有关系和产品的分配关系的不同,而一个国家的阶级本质就是由不同阶级在生产资料占有和劳动产品分配中的不同地位所决定的,不同阶级统治的国家,其民主政治性质也就不同;其二,民主政治具有共同性和普遍性,多数原则、代议制、有限权力原则、确认和保护公民权利原则、法律面前人人平等原则等,是不同的民主政治制度在实现其阶级统治时都必须遵循的基本原则,离开这些原则,就不是民主政治。社会主义民主政治对资产阶级民主进行了批判吸收,抛弃了资本主义民主政治只是作为资产阶级内部民主的虚伪本质,同时也吸收借鉴了民主政治的普遍性原则,具有广泛性、真实性的特点,为人类民主政治的发展开辟了新的前景,促进了社会主义和谐文化建设的步伐,是保证社会主义和谐文化建设得以顺利开展的政治前提。

社会主义的本质要求社会主义国家必须实行社会主义民主政治。马克思主义认为,民主是一种国家形态,也是一种国家制度。民主是社会主义的本质特征,社会主义政治只有具备民主的特征才可能成为真实的社会主义。我们党已经将发展社会主义民主政治作为矢志不渝的奋斗目标,社会主义民主政治是凸显社会主义本质的必然要求,也是克服重重困难、突破种种障碍、顺利进行社会主义现代化建设的必备条件。发展社会主义民主政治必须做到"三个自信",即坚持中国特色社会主义道路的自信,坚持中国特色社会主义理论体系的自信,坚持中国特色社会主义制度的自信。党中央从国家发展的战略高度将发展社会主义民主政治与建设社会主义市场经济、建设社会主义先进文化、构建社会主义和谐社会有机统一起来,共同致力于推进社会主义现代化建设的伟大征程,这是马克思主义的指导思想所要求的,也是中华民族伟大复兴的历史使命所决定的。

在社会主义的发展建设中,社会主义民主政治的发展是社会主义物质文明、精神文明、政治文明和生态文明相互配合协调发展的必要条件。经济、政治、文化、社会、生态并不是社会发展内容的简单拼凑,而是有机结合彼此制约相互统一,只有五个要素配合好才能促进经济社会又好又快发展。其中,政治作为上层建筑,是经济基础与思想文化观念相互影响的中间环节,其在社会主义和谐文化建设中的地位十分重要。建设中国特色社会主义的伟大事业,一定要坚定不移地发展社会主义民主政治,从中国的实际国情出发,注重理论与实践相结合,切实将民主政治建设的要求落实到组织、制度、设施当中去,落实好民主选举、民主决策、民主管理、民主监督,从法律上、制度上保障人民当家做主的合法权益,将人民的权利与义务统一起来,只有这样,才能激发出群众的政治参与热情,提高决策的科学性与透明度。其中,对权力的制约和监督在党的十七大报告中被特别地提了出来,要求"完善制约和监督机制,保证人民赋予的权力始终用来为人民谋利益",第一次提出"必须让权力在阳光下运行",强调"要坚持用制度管权、管事、管人,建立健全决策权、执行权、监督权既相互制约又相互协调的权力结构和运行机制"。

作为推动生产力发展的重要环节,社会主义民主政治是衡量社会文明进步程度的重要尺度,是社会和谐、理性、科学发展强有力的政治保障。从政治与经济的关系来看,发展社会主义市场经济,客观上要求必须要发展社会主义民主政治。社会主义市场经济属于法制经济,市场主体同时就是法律意义上的权利与义务主体,市场行为要受到法律与制度的制约与规范。发展社会主义民主政治,能够有效防范市场经济沦为封建制的、奴隶制的市场经济。在扭曲的市场经济中，陈腐、混乱和黑暗等消极因素比在规范的市场经济中更容易产生，所以要毫不动摇地发展社会主义民主政治，这样才能最大限度地发挥市场经济的长处，遏制市场经济的弊端，最大限度避免严重的贫富两极分化、不平等、不公正等现象，为人民群众提供一个健康的社会经济环境，为和谐文化的发展提供有利的政治经济条件。民主是人的价值目标，是人类社会发展与成熟的重要标志。民主是否具有广泛性、真实性是衡量一个社会制度文明发展程度的重要尺度。广泛、真实的民主可以调动人们生产的积极性，激发人们的创造力，使主体的力量能够最大限度地发挥出来，从而促进社会生产力的提高。

发展社会主义民主政治是实现国家长治久安的重要措施。历史实践证明，民主政治的实行是保持社会稳定的最有效的办法，历史上凡是实行暴政的国家最终都无法避免由于社会动荡而带来的国家的灭亡。要建设和谐社会，拥有稳定的政权和行之有效的方针政策，就要走发展民主政治这条道路坚决而不动摇。此外，社会主义民主政治的发展，也有助于提升党和国家领导干部的民主意识、拒腐防变和抵御风险的意识，从而对反腐倡廉、整治不正之风等产生更积极的作用。

发展社会主义民主政治是构建社会主义和谐社会的内在要求。中国共产党经过几十年艰苦卓绝的斗争，推翻了帝国主义、封建主义和官僚资本主义三座大山，领导中国人民实现了人民当家作主，创建了中国的民主政治制度。历经几代中国共产党领导人的努力，中国的民主政治制度不断发展和完善，从根本上保证了最广大人民当家作主，这是社会主义民主的本质体现。中国民主在根本上不同于西方资本主义世界的民主,中国在社会主义初级阶段建设的是公有制为主体、多种所有制经济共同发展的社会主义市场经济,按劳分配为主体、多种分配方式并存则是我国现阶段的基本分配方式,从经济基础上、从生产资料和产品的分配上决定了中国民主并非属于少数人,而是由最广大人民所共享,一切未被法律剥夺政治权利的人都可享受中国民主权利,中国的民主符合最广大人民的根本利益。只有实现了这种具有法律和制度保障的广泛的民主、真实的民主,才能保证人民群众的平等权利、维护人民群众的平等地位,从而抑制冲突、控制对立,减少不同群体、不同个人之间的摩擦,促进社会和谐。

发展社会主义民主政治是社会主义和谐文化建设的必由之路。社会主义民主政治是由无产阶级掌握政权和生产资料的政治制度和政治组织形式,人民是国家的主人,国家的一切权利属于人民。一方面,人民通过选举代表组成人民代表大会作为国家权力机关、由国家权力机关产生其他国家机关的方式间接行使权利,有权参与管理国家和社会各项事务,并有权监督国家机关及其工作人员。另一方面,人民民主是对敌人实行专政的有效措施,而人民民主的保障之一就是对少数敌视和破坏社会主义的敌对分子实行专政。从这两个角度来考虑,对人民的民主和对敌人的专政紧密结合,为社会主义和谐文化的实现提供了现实的条件和可行的路径。因此,为了行之有效地建设社会主义和谐文化,要坚持从国情出发,把党的领导、人民当家做主与依法治国有机统一起来,稳步有序地推进社会主义民主政治的发展。

(三)生态文化的传播是促进和谐文化建设的文化环境

生态文化是现代社会人与自然关系趋紧背景下兴起的一种新型

文化,具有不同于传统文化的全新语境,其旨归就是从人统治、控制自然过渡到人与自然和谐相处。生态文化代表着人与自然关系问题上价值观念根本的转变,从近代以来理性至上的人类中心主义价值取向过渡到人与自然和谐发展的价值取向。近代以来,随着民主和科学的启蒙意识的普及与传播,以及科学技术所带来的生产力突飞猛进的发展、人们生活翻天覆地的变化,高扬人的主体意识、充分发挥人的主体能动作用成为人与自然关系的主流,可是这种主体力量的无限膨胀并没有为人类的发展带来"福音",尽管人在某种程度上"战胜了"自然,但是却由于没有照顾到自然规律和自然界的承受能力而反遭了自然的报复,近年来的环境质量下降、生态恶化、人地关系紧张、自然灾害频发就是真实的例证,这就是科学技术理性异化所造成的"恶果"。人类要继续生存发展,就不得不重新审视自身与外部世界的关系,生态文化重要的特点在于用生态学的基本观点、以生态学的基本视角去观察现实事物和处理社会问题,建立经济学和生态学相结合的生态化理论,谋求人与自然的和谐共处、经济发展与生态环境保护同步进行,实现高质量、可持续的发展。究其要义,就是在主体的创造活动与自然生态之间达到一种平衡状态,以实现人与自然的和谐,既满足了人的发展需要,又能够保护自然生态环境,通过对自然界、人本身以及人与世界关系的正确认识和实践,在经济生活、政治生活、文化生活中融入生态保护的色调。

近年来,由于人们对人与世界关系的认识越来越清醒,生态文化在世界范围内得到了广泛的传播,受到人们的广泛共识。生态文化是人类从古到今认识和探索自然界过程中形成的高级思想文化的体现,尽管古人也曾有过人与自然和谐发展的思想,但大都是建立在生产力水平比较低下基础上的、以控制人的欲望和遏制人的主体性的方式得以体现的,而生态文化则是要兼顾人与自然的两重需要,是在两重需要都得到充分满足基础上的彼此和谐。唯物史观为我们揭示了自然界是人类社会得以存在和延续的自然物质前提,没有自然界,人们衣食住行的基本需要便无从获得。因此,人类从出生到死亡时时刻刻都要处理好与自然万事万物的关系,片面地征服自然和片面地压制人的主体性都不符合人的根本利益。只有处理好人与自然的关系,我们才能长期和谐地生存和发展,生态文化就是在对人与自然界关系问题的认识与解决过程中形成和发展的。作为体现人类根本利益和本质要求的生态文化适应新的与世界历史发展潮流相一致,我们要加大宣传力度,让更多的人倡导绿色经济和环境保护,在多元文化的对比之中提升人们对生态文化的兴趣和关注度,这样既可以发展经济满足当代人发展需要,又可以建设绿色家园节约资源能源以造福子孙后代。

生态文化是在工业文明所取得的成就和所暴露的问题的矛盾中形成的,所要解决的问题就是工业文明所带来的人与世界关系的不和谐状态。工业文明随着社会科技的迅猛进步日益发展,随之加深的是其自身所带来的全球性生态危机,这样客观上决定了人类创建一种新的生态文明势所必然。工业文明至今有着几百年的发展历史,它的整个发展坚持的是人类中心主义,依靠机械和科技认识改造自然,并以牺牲除人类主体以外的一切客体的生命为代价,从而实现人类社会的高速发展。工业文明社会的进步与资源能源消耗的最大化几乎是同时进行的,这必然造成人与自然关系的紧张与矛盾的加剧,导致人类对自然界的高度破坏以及全球范围内的经济、资源和军备的竞争,因为人类欲望是无限膨胀的,而资源是有限的。在一个国家之内则表现为社会各阶级为争取物质财富展开激烈的争夺,人与人相互攀比,陷入无休止的斗争。工业文明形成了诸多人类难以克服的有弊于自然界以正常姿态存在的恶习。结论是工业文明的顺势发展不会演变为生态文明的建设,在很大程度上,生态文明的创建需要人类的自觉逆转和有意识的参与,需要人类敬畏自然、爱护生命,同自然形成一个和谐相处的关系。工业文明的发展及代价越来越多地带给人们思考和寻找人类持续发展的可行出路,这种思考与探索可以激励人们努力建构生态文明与经济进步的生态文化前提。

环境保护意识与生态科学知识的大力普及,以及人类对由于不合理开发利用自然而造成的自然灾害的反思,唤醒了人们对自然事物自身发展变化规律和承受能力的重视。人类要彻底改变征服自然、以牺牲自然环境为代价去换取人类认识自然、改造社会、追求高水准物质生活的态度,改变铺张浪费的生活方式,改变对自然无节制开发的生产方式,并维护公正的国际生态制度和国际关系体制。学术界对生态文明这一问题形成了很多种见解和主张,很多学者之所以提出了创建一种全新的生态文明来取代工业文明,其根据在于当绝大多数社会都建成生态文明社会时,地球生物圈的和谐才能得到保证,人类才能实现可持续发展。

生态文明作为一种立基于工业社会的全新的文明类型,它的着眼点在于文明社会中人与自然相互作用的基本特征和起码标准,相对于生态文明的概念,生态文化的内涵则更具有复杂性和广泛性。生态文化是世界各种文明民族在不同的自然地理环境中多样化的生存方式,由于环境、条件的特殊性而形成的民族文化的个性特征是其强调主题。生态是一切生命赖以生存的环境,文化则是人类的独特生存与存在方式,生存的环境决定着生存的方式,生存的方式又影响、改造着生存的环境,二者本就密不可分,所以生态文化的存在具有必然性,只要地球上有不同人类种族生存,就会相应地与不同环境不同时间作用而产生丰富多彩的生态文化。农业文明时期的生态文化以中华民族的生态文化传统为最高典范,工业文明或后工业文明时期,我们也应该努力塑造中华民族的优良的生态文化形象,而这与今天我们所提倡的和谐文化建设密不可分。生态文化的历程是自人类诞生之日起开始的,各民族、种族和族群为在多样性的生态环境中更好地生存而积累了各种生存模式,这些生存模式的总和构成了广泛而复杂的生态文化。

生态文化的价值理念与和谐文化的价值理念相契合。生态文化倡导爱护并尊重生命和自然界,尊重和保持自然生态环境,关注未来人类的继续发展,强调人的自觉和自律,强调人与自然环境的相互依存、相互促进、共存共荣;生态文化倡导人类平等观和人与自然的平等观,主张人与人及人与自然的生存平等、利益平等和发展平等,即一部分人的发展不能以牺牲另一部分人的利益为代价,既要求代内平等,也要求代际平等。生态文化倡导的这些价值理念,与和谐文化倡导的经济、社会、生态协调发展、可持续发展、人与自然和谐相处等价值理念相契合。这种契合使得人们认同生态文化的同时,自觉产生对和谐文化的价值理念的认同与共识,可以说生态文化的广泛传播为社会主义和谐文化建设营造了良好的文化环境。

生态文化对自然的尊重推进了和谐文化建设的步伐。人类在不断改造自然的同时,往往忽视了人本身也来自自然,人本身也是自然的组成部分。生态文化不是倡导不改造自然、不推进发展、压制人的主体性,而是突出强调在改造自然中要保持自然的生态平衡,要尊重和保护自然,不能急功近利,不能以牺牲自然生态为代价取得经济的暂时发展。生态文化也不是主张人在自然面前无能为力、消极无为,不是教人们"存天理、灭人欲",少吃少喝少消费,而是让人们在认识和掌握自然规律的基础上,在爱护自然环境和保持生态平衡的前提下,能动地改造自然,使自然更好地为人类服务。生态文化更不是一味强调自然生态和环境保护,而是要寻求经济、社会、生态协调发展,并把经济、社会、生态看成是一个"三位一体"的复合系统,寻求系统的稳固和增效。实现人与自然生态系统的又好又快发展,重点是要提高人的环境意识,提倡人与自然和谐相处,共同进化、共同发展,反对人类只顾自己不顾自然环境的损人利己行为,彻底改变片面强调人类是自然的主人的错误道德原则。总之,生态文化的发展建立在人与自然和谐发展的前提之下,把人与自然是否和谐一致作为一种新的思维方式来指导人们的社会实践活动,并最终起到规范人们在物质生产中的行为表现的作用。生态文化对生命的尊重、对自然的敬畏,已经得到人们的广泛认同,这种认同,加速了和谐文化建设的进程。

二、建设社会主义和谐文化的思想路径

(一)协同行动下的集体共识建设

改革开放四十年的历史实践告诉我们,中国社会制度的不断完善和社会秩序的失序是相伴随而生的。在以经济建设为中心的政策指导下和生产力迅速发展的基础上,通过变革、调整生产关系中一系列不适应生产力发展要求的方面和环节,具有中国特色的社会主义经济制度、政治制度不断得到发展和完善,社会主义民主和法制建设逐渐走向成熟与健全,这是改革发展的伟大成果。与此同时,在市场经济带来的负面影响中,在社会大变革大调整的社会转型期,随着利益诉求的多元化、不同群体个人之间矛盾与冲突的复杂化、道德滑坡、恶意竞争等问题的出现,社会失序现象越来越明显,社会问题越来越突出,不和谐不健康因素时有抬头。因此,社会主义和谐文化建设首先就需要整合利益关系,规范社会秩序,统一社会主体的行动,加强人们的集体共识。社会失序的产生在于不同主体之间在利益诉求过程中的冲突,人们认识不到或者不能够深刻认识根本利益的一致性,根据思想观念影响行为的原理,从文化意义上考察社会失序的原因在于多元文化的冲突,多种文化没能在主体的观念中得到很好的契合。因此,加强集体共识建设的关键就落在了如何处理多元与一元的关系,如何找到多元文化共识的立足点。

建设社会主义和谐文化,要坚持一元主导与包容多样相结合的原则。文化具有普遍性和特殊性的双重属性,就人类社会发展所面对并需要解决的共同时代问题来讲,不同国家、民族、地域的文化具有诸多共性特征,毕竟文化是对社会存在的观念反映,其产生、存在和延续是由社会存在所决定的,因此,不同的文化具有共通性,也就是文化的人类性,坚持多元文化的互补共荣、充分吸收借鉴人类一切文明成果才能促进文化繁荣发展。就文化脱胎于特定的物质生产关系的角度讲,不同社会类型的文化是不同的,文化的差异性反映着文化为维护一定的物质利益关系服务,因此,在多元文化冲突碰撞的舞台上,必须建构其本民族核心价值体系的坚固长城以对抗外来文化的侵略和意识形态渗透,我们必须反对文化霸权主义、文化帝国主义、文化殖民主义。片面强调多元会造成社会一盘散沙、秩序混乱、冲突加剧,片面强调一元则同样会深化不同主体之间的矛盾、扼杀人们的积极性和对核心价值的认同度。片面强调多元与片面强调一元都是不尊重文化发展规律的做法,都不利于社会成员的"协同行动"。

如何将多元文化统一起来?多元文化和谐共生、利益主体集体共识的关键之点最终要落实到"人"在文化关照中的核心地位。人是社会秩序的主体,也是劳动的主体,是人类社会一切关系得以存在的前提,正是人们的互相协商形成了一定的社会秩序,构建和谐社会需要时时处处坚持以人为本,把满足人的生存发展需要作为一切问题的出发点和落脚点。从人文关怀的意义上来说,世界上的任何一种类型的文化尽管以各自的表达方式呈现,但是其根本价值指向是一致的,或者至少是契合的,无论是马克思主义的经典著作、中华民族的历史文化传统,还是当代西方的资本主义文明思潮,如果仅从文化的普遍性、人类性意义上来讲,都是在特定的历史条件下寻求人的更好的发展,关注人、指向人的价值旨趣是各种文化和谐共生彼此融合的基点,因此在多元文化的背景下协调多元主体的行动、促进集体共识的达成需要从人本身出发,关注人、依靠人、为了人,只有坚持了这个前提,才能以社会主义核心价值体系引领社会思潮,抵御文化侵略的同时使优秀的外来文化"为我所用",变成我们的文化资源,在文化多样性的条件和背景下更好地发展我们的社会主义和谐文化。

(二)"思想自我"的生成

文化上的"思想自我",是任何一种真正的、民族的、国家的文化形态共同拥有的文化品格，这一品格是文化的思想性、价值性与个性化风范的具体体现。从本质意义上来讲，任何一种文化都是文化创造主体在"创造历史"过程中独立地思考与解决自身发展过程中出现的各种问题和时代提出的主题的过程中创造出来的，不同的文化解决不同的问题、具有不同的价值导向、塑造不同的人文品格。文化的个性化是文化"思想自我"得以形成的前提，所谓"思想自我"就是确立自己的思想主题、生成自己的思维范式、形成自己的精神风格，通过"自我"表达文化的个性化特质，具有鲜明的时代性、民族性。中华民族的"思想自我"集中体现在中华民族的民族精神上面，主要是指中国人应该自觉意识到属于我们中华民族自己的核心价值体系与精神文化观念，自觉站在中国特色社会主义国家的立场上来观察和思考问题，以我们自己特有的方式来处理和解决物质文明和精神文明建设进程中遇到的各种利益问题、道德问题、价值问题以及全人类所共同面对的时代主题，构建我们自己的"精神家园"。正如马克思说过的那样，"任何真正的哲学都是自己时代精神的精华"[1]，"自己的时代精神"一方面透射了哲学的民族性，另一方面表征了哲学的时代性，因此时代性与民族性构成"思想自我"的核心意旨。

生成"思想自我"对于一个民族国家发展所产生的意义是巨大而深远的。一方面，从物质文明进步的意义上来看，由于各个国家所处的自然地理环境和社会环境不同、所拥有的时代条件不同、生产能力和生产方式不同、发展进程不同、民族成分、阶级成分以及国家制度设计和运作方式等诸多方面都不同，在经济建设过程中所急需解

---

[1] 《马克思恩格斯全集》第1卷，人民出版社1956年版，第121页。

决的问题和预期的目标也就不同,不同民族国家在物质财富创造过程中表现出了明显的差异性,根据马克思主义哲学所揭示的经济基础和上层建筑相互作用的原理,客观上要求以不同的思想文化观念和价值目标为指导,反作用于经济建设,也就是我们常讲的一切从实际出发、实事求是,要把人类文明发展进程中所创造出来的社会发展的基本原理、一般规律、普遍价值与各个国家的具体国情相结合,只有充分尊重个性和差异才能谋求正常的发展,中国20世纪五六十年代"左"倾错误发展到极端导致"文化大革命",造成了党和国家巨大的经济损失就是一个深刻的教训。对我们来说,只有把马克思主义的基本原理和科学理论与我们国家的具体国情相结合,以中国化的马克思主义理论指导我们的生产生活实践才能促进经济建设的发展。如果不能生成中华民族的"思想自我",不能以个性化的思想理论体系和独特的思维方式规范我们的思想、指导我们的实践,经济进步就会成为一句空话。另一方面,从精神文明进步的意义上来讲,文化具有相互渗透、相互同化的属性,世界上各个国家和地区的成百上千种文化"同台竞技",加之一些国家别有用心的文化侵略与渗透,维护国家文化安全和意识形态安全是国家发展所要重点关注的问题。在长期的发展过程中,能够反映社会发展本质要求、能够紧扣时代脉搏、适时解决人类文明前进中的现实问题的优势文化会逐渐同化掉跟不上时代步伐、无法体现人民根本利益的劣势文化,最终造成一种文化的丧失。一个国家如果不能建构起属于自己的精神文化体系和思想价值系统,不能以自己独特的思考行为方式构筑自己的精神文明长城,就代表着民族精神的"空场",意味着"精神家园"的丧失,在文化上受到外来文化的侵蚀和渗透,最终导致民族品格的消解,沦为其他民族国家的附庸。"思想自我"的生成是发展社会主义和谐文化、贯彻社会主义核心价值体系的必然要求和必然结果。

中华民族"思想自我"的生成其灵魂在于哲学的自我和人的自我。从"哲学自我"的角度来看,当代中华民族的"思想自我"主要指"当代中国的哲学工作者在研究马克思主义哲学时,应该有属于中华民族自己的哲学观念与哲学范式,应该坚守属于中国人自己的哲学立场和具有中国特点的研究方式,用自己的头脑和方法独立地思考和解决当代中国人与社会发展的问题,创造属于当代中国人自己的哲学思想与理论形态"①。当这样的"思想自我"与国家发展所处的时代、与中华民族文化传统、与人类的生存发展命运和出路相融合的时候,就会成为既具有时代性、人类性又具有民族性的"思想自我",成为凝聚民族精神、塑造民族品格、抵御西方文化侵略、鼓舞人民生产生活积极性的强大思想力量和精神支撑。

"哲学自我"反映的就是"人的自我",因为当代哲学关注和研究的主题就是人本身。"人的自我"是指生活在特定的文化共同体中的人们能够自觉意识到本民族本国家的文化与价值认同系统,意识到自我作为特定的经济共同体和文化共同体中的成员而存在,并以本民族本国家所要求和建构起来的核心价值体系来武装自己的头脑,从"自我"的观念、原则、立场、思维方法出发观察和处理问题,坚持独立思考,这是文化进步的客观要求,并不是要倡导市场经济体系中人的个人主义、金钱主义、利己主义。因此,社会主义和谐文化的构建,"思想自我"的生成,一方面要在经济体制、社会制度、思想文

---

① 胡海波:《创造中华民族的"思想自我"》,《吉林大学社会科学学报》2007 年第 6 期。

化上走一条"非西化"之路,形成中华民族独特的民族品格和民族精神,同时这也是一种兼容并包、充分尊重差异和多样的民族精神,充分吸收与借鉴古今中外一切优秀的思想文化精髓,在"不同"之中促和谐、谋发展。

(三)公共领域的精神形塑

公共领域和公共精神是现代社会平等、开放、多元、自由的产物,它的特征就是社会生活冲破封建伦理和家族宗法的约束而呈现出的高度公共化。公共领域和公共精神的关系就在于公共领域为公共精神的培育、塑型提供了肥沃的土壤,是高扬公共精神的社会依托;相反,公共精神构成了公共领域的价值内核,是促进文明社会发展的强大精神动力,没有公共精神的传扬,现代社会向着文明方向发展的道路便变得困难。公共领域是"介于公共权力领域与私人领域之间的一块相对独立的中间地带,公众借以自由地发表公共意见,对公共权力予以批判"①。由此定义可以看出,公共领域就是超出私人生活利己排他的狭隘空间,但是低于国家政权系统、国家机器的一块儿社会成员共同享有的"领地"。在这块儿"领地"里面,社会成员在法律规定的框架之内可以自由表达自己的意志、发表自己的观点,并且这些讨论话题大都是大家共同面对的问题,由此对公共权力加以批判和约束,以避免权力的无限膨胀而造成社会成员主体性的被忽视和丧失。公共精神本质上就是一种"公民精神",是对生活在后工业社会的人们之间关系的精神表达,它是相对于封建社会的"臣民"精神和

① 《梁启超文选》上卷,中国文联出版社2006年版,第125—126页。

工业社会初期的"市民"精神比较而言的。在封建君主制社会里面，君权神授，天子和君主享有无上的权力和荣誉，普天之下的一切土地、资源、人口由君主私家享有，作为普通百姓的民众都要向天子称臣，作为臣民要绝对服从天子的权威，服从天子就是顺应天意，臣民是逆来顺受的，并无主体性和权利可言，"臣民精神"就是无条件服从。近代以来，随着资本主义萌芽的产生、发展并波及世界，商品经济逐渐发展起来，大批的近代城市随之产生、发展壮大。由于资本主义原始积累靠的是殖民掠夺，靠的是不平等贸易夺取别国财富，从自由竞争的资本主义到帝国主义阶段的资本主义，其发展靠的是相互蚕食和竞争，大资本吞并小资本、有资本压迫无资本。挤在工厂里面的工人作为"产业军的普通士兵"①，每日每时都要受到工厂主和资本家的层层监视，并且时刻都有失业的危险，无产者之间也存在着血腥的竞争，竞争获得出卖劳动力的机会，因此早期资本主义社会中的社会成员普遍表现为极端的利己主义和个人主义，极端的竞争意识，为了获得物质利益而不择手段、诚信缺失、道德滑坡，这就是"市民精神"。现代社会，随着物质文明的发展、精神文明建设水平的提高、法治社会的到来和宪政的不断健全，人们的公民意识越来越强，这在西方发达国家表现最为明显，社会成员不再仅仅作为物质利益主体而存在，而是冲出了私人生活的狭隘范围，逐渐作为法律主体和权利主体而存在，人们的政治参与意识增强，能够积极参与政府事务和公共管理；在自愿组成的各种公民团体和社会机构中，公民通过广泛的不同群体之间的利益沟通和不同立场之间的协调，积极参与社

---

① 《马克思恩格斯文集》第2卷，人民出版社2009年版，第38页。

会事务和共同体的事业；公民对政府、社会所主导的核心价值有着一致的认同，并且在日常生活、工作中能自觉践行这种价值规范，通过交往协商建立起规范彼此行为的普遍有效的秩序结构，并做到按照国家法律以及团体秩序的要求自觉承担行为后果。这就是公共精神，表达了合作、民主、平等、协商、责任、互助等优良品质，在法律和秩序的框架之内充分尊重社会成员作为主体的存在价值，这样的公民精神也正是和谐文化所倡导和追求的价值目标之一。

　　然而，中国由于社会历史发展背景和现实国情等因素造成了公共领域和公共精神的长期缺失，公民社会的发展"先天不足"、"后天畸形"，这在某种程度上会对和谐文化的倡导和发展产生制约。首先，中国封建社会历经两千余年，封建帝王君临天下的历史悠久，封建思想对人的影响根深蒂固。中国古代封建社会以血亲宗法为本位，人们的主体性受到两个方面力量的压制，一是"天子"，"天子"就代表着国家，"普天之下，莫非王土；率土之滨，莫非王臣"，天子已经安排好了一切，民众只需、并且只能做到无条件服从，"各人自扫门前雪，莫管他人瓦上霜"；第二种力量就是家长，封建家长在一家范围内履行了"君主"的职能，在家族所有成员中具有绝对的权威，掌管着家族成员的生存和命运。因此，中国传统社会两千年的君君臣臣、父父子子的"臣民精神"对中国人思想的影响是深远的，公共精神处于缺失、异化状态。其次，新中国成立后，中国共产党代表的工人阶级掌握了国家的领导权，改变了中国人民受剥削、压迫的半殖民地半封建的社会状态，以建立一个自由平等、共同劳动、按需分配的新的共产主义社会为奋斗目标，然而由于在社会主义建设过程中急于求成，"左"倾错误愈演愈烈，在低下的生产力基础上建立高级的生产关系导致了许多社会问题，某种程度上阻碍了公民社会的健康发展。如人民公社化运动、"大跃进"等举措反映了早期党建构现代公共精神的努力，把社会成员从旧的家族血缘宗法的束缚中解放出来，积极投身到公共的社会主义革命事业当中来，共同付出劳动，共享劳动成果，人与人之间绝对平等。然而，这实际上是公共领域被极端放大后对私人领域的"越位"，公共精神缺乏理性的引导，表现出国家力量的极度放大和社会力量的极度压缩，根本矛盾在于是共产主义生产关系与低下的生产力不相适应，由人们的物质生活水平所决定的人们的精神境界并没有提升到一定的高度，其结果就是由公共精神的扩张、狂热导致公共精神的虚幻，人民公社共同体的结合是国家强制的结果，并不是出于群众的自觉，社会力量的弱小不会为公共精神提供成长的空间。

培育公共精神是社会主义和谐文化建设的必备条件，由于历史条件导致了中国公民社会力量的弱小和公共精神的缺失，做好与生产力发展水平相适应的公共领域的精神形塑是文明前进的重要路径。

（四）关切人类精神家园的回家之路

精神家园是一个民族、国家价值系统中比较稳定、比较高级的部分，是一个民族乃至全人类共有的精神财富，是千百年来在人处理自身与外部世界的关系当中逐渐形成的人类的灵魂归宿之场所，对人的塑造是深刻的，对人的影响是恒久的。可以说，没有人的精神家园，人类的灵魂便无处安放。不同的民族、国家由于社会制度和意识形态的不同，活动于其中的人便有本民族的精神家园，同时又由于人类在特定的历史时期解决的时代课题的相同,人类也拥有共同的精神家园。人作为有意识有目的、能够自由自觉劳动与创造的类存在物,其需要是两面的,一面就是物质生存的需要、肉体的需要,这可以通过经济建设来得到满足;另一面不同于动物的地方在于人还有精神的需要、思想文化的需要、发展的需要,人都要具备特定的思想品格和价值指向,这是指导人们行动的无形力量。尽管经济因素可以影响到人们对精神家园的认同与否,影响到人们对精神家园的自信与否,但这终归是外在的、物质的,对于精神家园的建立与守护并不起直接作用,也就是说仅靠物质力量不能建立起人们的精神家园,更不能守护住人们的精神家园,精神家园的本意就是一种精神性的力量。对于精神家园的守护和认同具有决定意义的是内在精神因素,是精神的力度和深度,是社会的公平与正义。社会物质财富的丰富和物质生产的进步不见得能够为人的灵魂增添幸福感和家园感;如果没有相应的精神的强大,没有思想文化的追求,仅有物质财富需要的满足,人有可能只是一个躯壳,缺少精神的皈依,从而导致人性的丧失和不完整。由此,在精神家园的建立与守护中,精神力量是第一位的,内在的精神归旨和合理的精神秩序可以抵挡一定程度的物质贫乏对人的精神塑型的消极影响,使精神家园大厦的基础变得更加牢固。

精神家园在文化系统和个体心理世界中具有重要的意义和作用。精神是将个体与集体连接起来的纽带,它为人的精神世界确立秩序。在这个有秩序的精神世界里,作为个体的人会有一种回家的感觉,在心理上具有归属感,价值上具有确定感。精神家园予人以希望,予人以方向感,赋予个人以行为准则,为人们提供人生的信念。

如果作为个体的人在精神上没有这种回归家园的感觉，就会感到失望、惆怅、无所适从，甚至于对生命的意义感到迷茫，不能培育起一个积极、乐观、明晰的人生态度。如果一个集体没有这种家园感，即没有一种核心的、一致的价值指向与价值规范，其后果就是团体会解体，民族会分裂，文化会消解。那么，精神家园如何建立？"其一，必须建立起合理而有效的社会制度，包括政治制度、伦理体系、法律制度、社会保障制度以至于宗教体制等等。在这个制度中每个人的价值与其合理的期望都能够得到实现，亦即正义能够得到合理的实现。其二，创造出属于自己时代的精神传统，也即创造出自己时代的精神家园。"①社会主义和谐文化的提出与构建的时代背景，恰恰符合精神家园建立的这两个途径。在这个意义上，我们说和谐文化建设，有利于民族精神家园的认同，有利于人类精神家园的守护；同时，国家、集体、个人对人们精神家园的关切、重视又会促进社会主义和谐文化的发展。因此，社会主义和谐文化建设的路径之一就是在思想意识上将人的精神价值、目标意志引领到"家园"之中。

一种文化要能有魅力、能深入人心，首先需要这种文化具有人文精神，能把尊重人、关心人、呵护人的视角投向最广大、最普通的人民群众身上，而不是游离于人民大众的文化需求之上；其次要有宽容精神，能够超越当下人与人之间、民族与民族之间的恩怨与冲突，站在更高的位置上引导人们走向更加美好的未来；再次要有先进性，能够紧扣时代前进的脉搏，代表时代发展进步的最新潮流，符合历史发展的特征。这种高度和气度恰恰是社会主义和谐文化所具备的。纵观

---

① 严春友：《"精神家园"综论》，《太原师范学院学报》2010 年第 1 期。

人类历史,人们在发展物质文明和精神文明的同时不断地经受着人类的精神家园的重建与归属的拷问。精神家园之所以会在一定的历史时期从人们的头脑中"丧失"并需要"重建",根本上源自思想文化发展的相对独立性。一方面,精神文明的发展较之物质文明而言是具有极大的稳定性,当物质生产力发展到一个新的阶段,社会生产关系发生全面变革的时候,建立于旧的物质基础之上的精神家园并不会马上随之转变,仍然对人的思想影响深远,如中国近代社会迎来资本主义发展的"短暂春天",但即使是到了后来社会主义建立之初,封建男耕女织的传统观念对人的影响还是深刻的,这时就需要精神家园的重建。另一方面,经济建设水平的急剧提高、物质财富的剧增可能导致人们精神家园的沦丧,人们的头脑被金钱、财富、利益等低俗范畴所充斥,这时重建人的精神家园就变得势在必行,否则可能导致人性的彻底沦丧、精神文明发展的迟滞。和谐文化强调人们加强自身的修养,不断地超越自我、完善自我,做掌握自己命运的主人,这构成了一个心理健康的人追求心理和谐的文化源泉。要陶冶人的情操、培养豁达的胸襟和高尚的品位;要努力促使人们拥有理性、乐观、积极向上的心态和人生态度,促使人的内心情感得以慰藉;要培养人的健全的人格和崇高的境界,使人不为物质利益所累、不为财欲所困,只有按照和谐文化的精神要义重建和丰富人们的精神世界、提升人们的精神境界,和谐文化的建设才会获得完整的意义。

现代化是目前世界各个国家和地区发展的主题,是工业化、产业化、规模化高度发展的结果,它表现为高级的制度、繁荣的商业、发达的交通、方便快捷的生活、资本要素的无障碍流动以及世界的一体等等。在现代化、城市化的过程当中,我们应该清醒地意识到现代化不是"文明"的代称,现代化的问题处理不好很可能导致物质文明与精神文明发展的倒退。我们在大力推进现代化建设的过程中,更需要建立起可以守望的"精神家园"。"和谐"作为一个关系范畴,它所反映的必然是社会中人的关系状态,社会和谐讲的是人与自然之间、人与人之间、人与社会之间、人与自身之间的关系达到协调、有序、融洽、稳定发展的状态。人的全面自由发展,离不开社会的全面进步,作为生活在社会中、具有社会属性的个体的人,应当自觉保持对社会的关怀,对他人的关心,对自然的热爱。这是建设社会主义和谐文化的内在要求。在现代化的进程中,为了寻找、建造并且守护人类精神家园,我们不仅需要关注国家与民族的命运,更要通过对人类命运的终极关怀,探索人类心灵的奥秘,寻求人与自然、人与社会、人与人之复杂关系的解答,使人类在纷扰的世界里,找到并坚守可以安顿我们灵魂的处所。精神家园的追寻与塑造不是一朝一夕的事情,它总有一个曲折而漫长的过程。寻找、建造已属不易,守护就更显困难。当今的世界,人类通过工业化创造了历史上任何一个时代都无法比拟的物质财富,许多人尽管吃穿不愁却丢失了生活的意义;那些一掷千金的大款在声色犬马之外,更难免无聊、空虚,究其原因,无不在于人文精神的失落。因此,我们建设社会主义和谐文化,需要重建起并守护住社会主义国家的精神家园,把一群群丧失了人生意义与存在价值的人们从物质的苦海中拯救出来,让人们的头脑和心灵重新回归到作别已久的精神家园之中。

(五)树立社会主义意识形态新形象

社会主义和谐文化从其属性来讲是具有明确内涵和时代特征的

社会主义文化,时代性和社会主义的社会形态性是和谐文化的两个基本规定。从历时性来看,所谓时代性就是和谐文化与人类过去各个历史时期的文化样态加以区别,包括中国传统文化如儒家文化中的和谐思想,尽管可以用来作为我们今天建设社会主义和谐文化所能参考的思想资源,但是其内容和精神实质都不是直接的同一,社会主义和谐文化具有明确的时代特征与内涵;从共时性来看,文化作为上层建筑之一,它的所谓社会形态性就是反映特定的社会存在,在今天这个多元的文化舞台上与其他共存的文化样态相区别开来。社会主义和谐文化的崭新的社会历史形象就通过它的这两个基本规定表征出来。人类社会历史发展到今天,一方面,无论各个国家、民族、种族的人们之间在语言、习俗、经济建设水平等方面存在着多么大的差异,但是从人作为“类”存在物的角度来讲,在人的实践活动与创造过程中,在人与自然、与社会的关系等许多方面,都存在着人类所共同面对和需要解决的时代课题;另一方面,由于不同的自然地理环境、不同的社会历史背景、不同的物质经济建设水平,各个国家、民族又存在着众多的差异,因此,作为社会存在之观念反映的文化的统一性与差异性便由此产生。社会主义和谐文化的社会主义意识形态性正是文化差异性的理论表达,也正是它的社会主义性质决定了加强社会主义和谐文化建设需要我们树立起社会主义意识形态的新形象。

树立社会主义意识形态的新形象,首先需要明确社会主义意识形态存在的客观必然性。国家是阶级统治的工具,在阶级和国家还没有随着社会历史发展到高级阶段、人类获得真正意义上的解放之前,文化归根到底是由一定的经济基础所决定的特定社会形态下的产物。唯物史观认为,文化作为观念上层建筑的一种,其产生、发展从根本上来讲是由奠基于其下的经济基础决定的。马克思在1857年的《政治经济学批判序言》中揭示了社会意识形式产生、存在的客观必然性依据:"人们在自己生活的社会生产中发生一定的、必然的、不以他们的意志为转移的关系,即同他们的物质生产力的一定发展阶段相适合的生产关系。这些生产关系的总和构成社会的经济结构,即有法律的和政治的上层建筑竖立其上并有一定的社会意识形式与之相适应的现实基础。物质生活的生产方式制约着整个社会生活、政治生活和精神生活的过程。不是人们的意识决定人们的存在,相反,是人们的社会存在决定人们的意识。"①意识形态是一定的物质生产关系的产物,生产关系中最重要的因素是生产资料的所有制关系,在阶级社会里,占有生产资料的"统治阶级"为了维护自己在劳动资料占有和产品分配中的优势地位,就不得不采取一定的"手段",那就是政治上层建筑和观念上层建筑,后者可包括政治法律思想、宗教、道德、艺术、哲学等各种观念形式,而作为上层建筑的社会意识形式就是社会意识形态。因此,意识形态的存在不管有着怎样的相对独立性,它的产生和存在从根本上说都是由一定的生产力水平所决定的生产关系的总和以及占统治地位的生产资料的所有制关系所决定的,而不是哪个阶级随心所欲的产物。正如马克思后来说:"占统治地位的思想不过是占统治地位的物质关系在观念上的表现,不过是以思想的形式表现出来的占统治地位的物质关系;因而,这就是那些使某一个阶级成为统治阶级的关系在观念上的表现,因

---

① 《马克思恩格斯选集》第2卷,人民出版社1995年版,第32页。

而这也就是这个阶级的统治的思想。"①无论古今中外,意识形态的功能都是为特定的经济基础服务的,它的产生、存在都有其客观必然性的依据,它不是资本主义的"独撰",也不是社会主义的"独撰"。

明确社会主义意识形态的客观必然性是树立意识形态新形象的前提,那么问题在于社会主义的意识形态是什么呢? 它与社会主义和谐文化又是什么关系呢? 当代中国建设社会主义和谐文化,要在全社会范围内普及、宣传社会主义核心价值体系,树立人民群众的社会主义核心价值观,把社会主义核心价值体系全面融入国民教育和精神文明建设的全过程之中,这是树立社会主义意识形态、建设和谐文化的必由之思想路径。社会主义核心价值观是我国作为社会主义国家的主流意识形态,在全部意识形态中处于核心地位,引领着文化发展的健康的社会主义方向。核心价值体系是在我国经济社会的发展进程中、在改革开放的伟大实践中既立足国情又放眼世界而形成的中国人民的核心价值追求和主导价值系统,它是公有制为主体、多种所有制共同发展的生产资料所有制关系和按劳分配为主体、多种分配方式并存的产品分配关系的观念表达,反映了执政党和广大人民群众根本利益的一致性,可以凝聚党心民心、鼓舞全国人民斗志、维护我国的意识形态安全、提升人民的精神境界、促进我国经济社会又好又快地发展。以马克思主义为指导思想、以追求中国特色社会主义为共同理想、以爱国主义为核心的民族精神和以改革创新为核心的时代精神为精神支撑、以社会主义荣辱观为道德规范,构成社会主义核心价值观的有机体系,尽管核心价值观作为主导文化是包容

---

① 《马克思恩格斯文集》第 1 卷,人民出版社 2009 年版,第 550—551 页。

多元文化共同发展共同进步的,但是在此前提之下社会上存在的主导文化、精英文化、大众文化都要受核心价值体系的引领和规范。社会主义核心价值观所倡导的指导思想、共同理想、民族精神、时代精神、道德基础等内容正是作为观念上层建筑、具有社会意识形态性质的社会主义和谐文化所蕴含的深刻内涵,核心价值观构成了社会主义和谐文化的本质内容和理论精髓。因此,建设社会主义和谐文化离不开社会主义核心价值观与精神文明建设的全过程融入,社会主义核心价值观作为和谐文化建构的理论支点和价值导向,它的全面普及是和谐文化建设的重要路径。

三、正确把握社会主义和谐文化建设的规律性

(一)社会主义和谐文化建设要顺势而为

社会存在决定社会意识,存在之于思维具有第一性。文化作为一种精神现象、作为思维的产物,是人们的社会生活与社会存在的反映,文化起源于现实的人的物质生活条件与物质生活关系。因此,文化的创造和发展的源泉就在社会生活本身,它的生命之根在社会生活。文化作为上层建筑之一又对它所由产生的经济基础发生反作用,科学先进的、适应国情的文化与腐朽落后的、不适应国情的文化对经济建设起促进或者阻碍作用。当前的中国社会,是一个多元文化并存的社会,各种思想文化相互影响激荡,在大力建设社会主义先进文化的同时,正视多种文化并存的现实,使多元文化在核心价值体系的引领和规范下和谐健康发展,关系着中国特色社会主义事业的健康推进与中华民族复兴大业的实现。因此,在中国特色社会主义

文化建设的进程中,构建社会主义和谐文化不仅是我国文化建设的理论创新,也必将有利于经济社会的发展进步。

步入 21 世纪以后,中国人民的生活条件、生活环境、生活方式都发生了许多变化。科学技术的发展、生产力的提高大大地丰富了人们的物质生活,精神文明的发展似乎并没有跟上社会前进的步伐,经济迅速增长的同时付出了资源环境的惨重代价,也造成了人们在经济利益面前的严重道德滑坡,碧水蓝天被废气雾霾所代替,人们为了追逐物质利益甚至不顾他人的牺牲,这些不和谐现象的出现反映出人与自然关系的紧张以及人与人关系的紧张。人们对自然一味索取之时却忘了人与自然的关系的双向性。早在 100 多年以前恩格斯针对工业化大大增强了人类改造自然的能力的情况曾说过:"我们不要过分陶醉于我们人类对自然界的胜利。对于每一次这样的胜利,自然界都对我们进行报复。"①思想家的话在日益变成现实,如何摆脱现今的全球性困境是当前世界各个国家都在努力思考的时代主题。而运用政治经济乃至科技的力量是远远不够的,因为政治的强制、科技的进步只能解决"一时之需",要想从根本上解决问题只能改变人们的思维、转换人们的观念。我们只有从文化层面上入手,通过斟酌传统价值观进而建立一种新的文化价值观念,以崭新的、符合时代要求的价值理念武装人们的头脑,其效果才是深刻的。恩格斯说过:"我们每走一步都要记住:我们统治自然界,决不像征服者统治异族人那样,决不是像站在自然界之外的人似的,——相反地,我们连同我们的肉、血和头脑都是属于自然界和存在于自然之中的;我

---

① 《马克思恩格斯选集》第 4 卷,人民出版社 1995 年版,第 383 页。

们对自然界的全部统治力量,就在于我们比其他一切生物强,能够认识和正确运用自然规律。"①在这个意义上,我们说和谐文化的价值理念,是对人类社会经过了快速的工业化、现代化发展进程后产生的一系列问题的反思和考量,是人类继续谋求生存发展的客观需求,这种反思和需求,契合了当前人类社会发展的现实需要,针对着文明进化到今天所必须解决的现实问题,反映了文化发展的客观规律,它并不是依据哪一个国家、民族和个人的意志所转移的。因此,我们在推进和谐文化建设的时候,就一定要做到从实际出发,从经济社会发展的现实条件和现实情况出发,观照文化自身发展的内在动力,注重适应人类社会发展的内在需求,顺时而作,顺势而为。人创造了文化,文化也使人成为真正意义上的人,文化的真实含义无不在于关注着人自身的生存发展之本质需要,历史的车轮滚滚向前,社会主义和谐文化的发展也势不可挡。

(二)社会主义和谐文化建设是一种主动选择

文明多样性是人类社会的基本特征,也是人类文明进步的重要动力,在各种文明的相互融合、取长补短之中人类文明进程整体推进。面对人类社会对文化多样性的重新审视,面对人类社会对人与自然的关系的不断思考,面对我国改革发展关键时期的矛盾和风险,中国共产党从生产生活实际出发充分吸收和汲取历史传统和现世纪各种文明的思想精髓,提出了社会主义和谐文化建设的理论,推进了社会主义和谐文化建设的实践进程。应该说,这是中国共产党建设

---

① 《马克思恩格斯选集》第 4 卷,人民出版社 1995 年版,第 383—384 页。

中国特色社会主义文化的战略思考和主动选择,中国共产党"既是中华优秀传统文化的忠实传承者和弘扬者,又是中国先进文化的积极倡导者和发展者"。

党的十七届六中全会指出:"当今世界正处在大发展大变革大调整时期,世界多极化、经济全球化深入发展,科学技术日新月异,各种思想文化交流交融交锋更加频繁,文化在综合国力竞争中的地位和作用更加凸显,维护国家文化安全任务更加艰巨,增强国家文化软实力、中华文化国际影响力要求更加紧迫。"因此,在推进社会主义和谐文化建设时我们要积极发挥社会主义先进文化的主导力量,夯实主阵地,打好主动仗,弘扬中国传统文化的精神价值,倡导和谐文化的价值理念。中国文化具有极强的包容精神,从中国文明起源的那一刻起,我们就始终秉承着"海纳百川,有容乃大"的文化传统,和谐反映的恰恰就是这样一种文化思维的传统。对这种传统的继承与发扬作为中国的一种文化战略,对中国文化与世界各国文化的交流,对中国处理对外关系、在国际舞台上充分贡献自身的力量一直影响深远。今天,中国共产党提出和谐文化、和谐世界、和谐社会,从一定程度上说,就是对中国文化传统的一种积极发扬,对中国文化形象的主动再塑造。从远古的神话故事、美丽传说到当今先进的文化传媒,人们一直在追求和向往着有利于自身本质价值发挥的先进文明。可以这样说,人类发展的历史就是文化进步的历史,一个国家乃至一个民族的每一次进步都离不开文化觉醒的先决条件。中国共产党领导中国人民进行艰苦斗争而取得的每一次实质性的前进无不以深刻的认识和深刻的文化自觉作为前提。如今,知识改变命运已经成为信息化经济时代的主要特征,客观上要求我们要不断地提升文化的自我觉醒,否则就会被抛弃在世界舞台的幕后。能否有高度的文化自觉关乎文化本身的繁荣和发展,也关乎一个国家、民族和政党的命运和前途。社会主义和谐文化建设是一种主动选择,这种主动选择内含高度的文化觉醒,它要求我们做到以下两点。

首先,要一贯保持对文化的内涵、意义和地位的深刻认同。文化是人们在自我觉悟的基础上产生的闪念的灵感、情感的流露和创新的观念。在人们赖以生存的自然界中处处都有文化的影子,文化是人与其他生物区别的重要标志。文化极大地影响着有形的东西于无形,它慰藉着人类、哺育着社会,始终起着举足轻重的作用。社会历史发展至今,文化越发对人类产生更重要的影响,越发成为民族凝聚力、创造力和自信心的源泉,对综合国力的提升有不可替代的贡献,极大地推动了经济、政治的发展,成为当今经济社会发展的重要支柱。文化能使人陶冶情操、鼓舞斗志、团结奋进,而并非只是琴棋书画和说学逗唱;文化能推动并引导经济社会的发展,而并非只是虚幻的看不见摸不着的东西;文化能自我发展、创造产业、增殖价值,而并非只是经济的附属物、点缀着产业甚至"拖财政的后腿"。我们应该清醒,文化不仅能给人以强大的精神力量,还能推动和引领整个社会健康有序地蓬勃发展;文化在保持国家的长盛不衰、传承优良民族传统和引领整个社会积极发展上都有重要意义。人们还应该清醒:在经济全球化发展至今,特别是在发达国家蓄意推行文化霸权主义和文化侵略主义的时候,只有每个人从自身内心中意识到文化的真正意义和魅力,才能形成所谓的高度文化自觉,抵御文化帝国主义,维护国家的文化安全和每个人内心的纯净。一个拥有五千年文明的、崛起于东方的泱泱大国,倘若未能传承自己优秀的文化,未能建设成以社会主义核心价值体系为根本的当代先进文化,未能建设协调发展的文化,未能通过快速发展文化事业和文化产业来快速提升文化软实力,建设富强、民主、文明、和谐、美丽的社会主义现代化国家便成为一纸空文,中华民族的崛起和伟大复兴的理想便会付之东流。因此,建设社会主义和谐文化,无论作为一个国家,抑或作为一个个体,首先必须时刻铭记文化的伟大意义和重要的战略价值。

其次,应该扎实地担负起文化建设和积极发展的责任。文化自觉并非仅是在认识上觉醒,更主要的是要理论联系实践,在文化建设、发展实践中做到自觉。文化的发展进步是长期不断继续着的,从人类的文化到整个国家民族的文化都是一个长期不断累积和积淀的过程。因此,我们要主动参与建设文化、传承文化和发展文化,这是我们难以推却的责任。正是世代生存和承继的人们创造并延续着自己的文化,每个人都是文化历史的创造者、传播者和扮演者。其中优秀的文化代表人物、文化大师、文化大家对这个国家的文化建造功不可没,理所当然受到人们的尊敬。诚然事物的发展并非是一帆风顺的,总是在曲折中前进,文化发展符合前进性与曲折性相统一的矛盾辩证规律。抵抗曲折,排解矛盾,推动文化健康发展赋予了文化主体以艰难的使命和艰巨的责任。纵观历史,中华文化历经坎坷,在其曲折的前进过程中无数仁人志士为其奉献青春饱受屈辱,甚至抛头颅洒热血,用生命的代价换来了中华文化的发展繁荣。当代,中国共产党从人民群众根本利益出发,义不容辞地举起了传承和发展优秀中华文化的大旗。中国共产党在带领全国各族人民团结奋进的过程中始终代表中国最先进文化的前进方向,源源不断地为中国的思想文化输入新鲜血液,为中国历史的发展和社会的进步创造强大的精神动力和智力支持,不仅使中国人民脱离了旧社会的深重苦难,也使得中国人在世界上扬眉吐气,极大地提高了中国人民在世界上的文化形象。中国共产党人勇于担当文化历史之重任,新形势下势必会养成更高的文化自觉。文化繁荣发展的视域下,和谐文化建设需要中国共产党与中国人民有用先进文化引导和带领社会进步的责任,有继承和发扬中华民族优秀传统文化的责任,有让全体人民共享文化发展成果的责任,有在复杂的国际环境下提升国家文化软实力、维护国家文化安全的责任。

(三)社会主义和谐文化建设重在培育和谐价值观

社会主义市场经济的发展,从根本上促进了当代中国社会的利益主体向多元化发展。市场经济的直接发展动力就是追求自身利益,极大地渴望自身的发展,使得个人主义价值观普遍流行。片面地发展个人主义就一定会导致利己主义的滋生,而极端利己主义从根本上导致了当前社会的利益冲突,滋生着阻碍社会主义和谐社会建设的"毒瘤"。所以社会主义和谐文化建设需要有一种核心价值观来指导人们的思想和追求,使每个人葆有人格操守,坚持道德自律,摒弃利己主义思想。社会主义和谐文化的核心要点之一就是要培育积极的价值观,实现个人主义的自我超越,并进一步确立更积极的价值观体系,在社会主义市场经济建设过程中形成的社会主义核心价值体系责无旁贷地承担了这一历史重任。由于主流价值观的"偏离"和"重构"都是在市场经济发展基础上进行的,因此和谐价值观的培育,还需要牢固树立市场经济应有的正确价值理念。虽然市场经济的不完善会使极端利己主义得到无限膨胀,但就市场经济本身来说并没有什么"罪过",相反市场经济作为人类文明进步的体现使人类社会发展的步伐大大加快,它所倡导的许多价值观念都需要我们着力引导与培育。因为市场经济是开放经济,其价值观是全球化、多元化的价值观,是思想解放、兼容并包,是不同观念、包括和谐文化在内的各种文化相互承认与尊重;市场经济是公平经济,会逐渐打破官本位体制,形成平等的社会竞争机制,现代市场经济以其宏观调控制度、社会保障制度、股份共有制度、工人参与制度、所得税遗产税制度等体现公平与正义;市场经济是自由经济,它是建立在允许人民自由行动、自由交易、自由签约、自由生产、自由迁徙的基础上的;市场经济是民主经济,它保护人民的财产权,通过股份制、股份合作制等确保人民的民主权利。在我们大力发展社会主义市场经济的时候,必须着力开发和引导市场经济孕育的这些正价值,使它与社会主义和谐文化相协调。市场经济的运作品质衍生出平等自愿、等价有偿、公平自由、竞争进取的价值观念与道德秩序,为我们培育和谐价值观提供了坚实的基础。

培育和谐价值观,就要在党政军各级领导干部中牢固确立正确的政绩观。什么是正确的政绩观? 2011 年 3 月 1 日,习近平在中央党校春季开学典礼上的讲话中深刻地指出:"我们做事情、干工作,如果做到了上有利于国家、下有利于人民;既符合国家和人民眼前利益的要求,又符合国家和人民长远利益的要求;既能促进经济社会发展,又能促进国家富强和人民幸福,那就做出了党和人民所需要的真正的政绩。"①应该说,作为社会的管理者和决策者,

---

① 《十七大以来重要文献选编》下,中央文献出版社 2013 年版,第 198—199 页。

领导干部的观念深刻影响着人民群众的观念,领导干部的作风深刻影响着社会的作风。长期以来,我们的一些领导干部没有树立起正确的政绩观,个人主义思想在作祟,为树立自身形象、为自己升迁铺路,追求表面政绩,大搞"形象工程",损坏了党的形象,伤害了群众的感情,也影响了和谐价值观在全社会中的培育和认同。因此,在全社会培育和谐价值观,就要从领导干部的政绩观抓起,让领导干部真正地领会科学发展观的深刻内涵,把科学发展观的要求真正落到实处,树立正确的政绩观,以党风促民风,以党内和谐促社会和谐,使和谐的价值观在全社会得到有效的培育和广泛的发扬。

培育和谐价值观,就要营造和谐的思想舆论氛围。正确的思想舆论导向是促进社会和谐的重要因素,健康和谐的舆论氛围是培育和谐价值观的重要条件。随着信息传播技术的迅猛发展,社会舆论的影响越来越广泛、越来越深刻,几乎囊括了人们生产生活的方方面面。国家发展、社会稳定在某种程度上有赖于思想舆论是否和谐。1996 年 6 月 26 日,江泽民在人民日报社发表重要讲话时指出:"舆论导向正确,是党和人民之福,舆论导向错误,是党和人民之祸。"2013 年 8 月,习近平在全国宣传思想工作会议上强调:"坚持团结稳定鼓劲、正面宣传为主,是宣传思想工作必须遵循的重要方针。我们正在进行具有许多新的历史特点的伟大斗争,面临的挑战和困难前所未有,必须坚持巩固壮大主流思想舆论,弘扬主旋律,传播正能量,激发全社会团结奋进的强大力量。"正确的思想舆论成就和健康向上的舆论环境,会产生凝聚全体劳动人民的向上力量,错误的思想舆论则使人们的思想道德和行为混乱,影响社会的稳定和发展。在社会舆论产生的过程中,因为利益不同、价值取向不同,社会不同群体之间、群众与政府之间的意见必然存在着一些分歧,只有当各种社会群体的诉求和政府的意见最后融合为相对统一的、能够推动社会事态良性发展的意志时,社会思想舆论才算是达到一种和谐状态。和谐的思想舆论环境对和谐价值观的培育具有十分重要的作用,它可以有效地引导人们的意见和情绪趋于理性化,从而自觉地维护社会的安全和稳定。例如,2012 年3 月在哈尔滨发生的患者杀害医生的事件中,本是一个极端的个案,在互联网上却引来了许多网民的"喝彩"与"叫好"。回想近些年网民在面对社会突发事件时时常会摆出非理性的、浮躁的、哗众取宠的姿态,发出种种不和谐的声音,严重干扰了正常的社会秩序。因此,在人们的生活方式、交际方式、思维方式等许多方面均发生重大改变的网络时代,如何正确引导人们偏激的思想舆论,有效地维护社会稳定、人民祥和,对于营造和谐的思想舆论氛围,培育和谐的价值观尤其重要。

（四）社会主义和谐文化与和谐经济、和谐政治的共韵同律

中国特色社会主义事业,是社会主义市场经济、社会主义民主政治、社会主义先进文化、社会主义和谐社会互相影响、互相助益、整体协同推进的历程,偏离任何一个方面都会使我们的事业发生畸形。当前,我国改革开放深入发展,错综复杂的社会矛盾已经积累到必须解决的特殊发展时期,发展固然是永恒的主题,但是发展的同时我们必须兼顾各种矛盾的化解,否则可能造成发展成果瓦解。推动经济、政治、文化协调发展,促进人与自然、人与人、人与社会、人与自身的和谐统一,以超越矛盾的更高境界的优秀思想文化精神引领社会向上跃迁,是社会主义和谐文化发展的根本任务。文化的发展最终要引领人与社会的整体前进,从这个意义上讲,和谐文化建设不仅仅停留在单纯的精神文明建设层面,还必须体现在经济发展、政治改革、文化进步的方方面面,是和谐文化与和谐经济、和谐政治的共韵同律。

马克思从本体论追问的角度揭示了人类生存和人类社会历史存在的第一个前提,那就是:"人们为了能够'创造历史',必须能够生活。但是为了生活,首先就需要吃喝住穿以及其他一些东西。因此第一个历史活动就是生产满足这些需要的资料,即生产物质生活本身。"①于是,人与自然之间的矛盾便由此而生:自然界作为先于人类的存在,是以其自在的、直接的形态摆在人们面前的,不完全符合人的生存需要或者愿望、目的,人类要以人的方式生存,就必须通过获取物质生活资料的活动改造外在自然自在的、直接的存在状态,这就是物质生活的生产与再生产。自然界的环境与资源是有限的,而人的需求是无限的。因此,人类要更好地生存生活,必须在物质生产或是经济建设中保持理性和节制,实现人与自然的和谐发展。

和谐经济是和谐文化建设的基础,是和谐文化理念在经济领域中的具体体现。和谐经济,需要我们在发展经济时尊重经济发展规律,尊重自然生态环境的承受规律。长期以来,经济发展被简单地理解为经济增长,经济增长被单纯地看成是国内生产总值(GDP)的增加。随着社会经济的发展,经济增长不再被看成仅仅是经济总量的

---

① 《马克思恩格斯文集》第 1 卷,人民出版社 2009 年版,第 531 页。

扩张,还包括产业结构的优化、经济效益的提高、资源的合理利用等综合因素。作为后发工业化、现代化的国家,我们在对什么是发展、为什么发展、怎样发展问题的认识上,制定了可持续发展与跨越式发展战略,从最初的依靠资源投入来增加产品数量的粗放式增长,到依靠科技进步提高产品质量的集约型增长,再到科学发展观的提出,经历了一个逐步提高的过程。和谐经济要求我们在促进经济发展上深入贯彻落实科学发展观,坚持以人为本,统筹兼顾,实现全面协调可持续发展。我们注重经济总量的增长,我们还要关注第一、二、三产业结构的合理性,关注投资、出口、消费"三驾马车"的协调拉动。我们大力发展经济,更强调要保护资源环境和加强生态建设,不仅要安排好当前的发展,还要为子孙后代着想,当代人的发展决不能褫夺后代人获得发展的权利。我们既要满足当代人的需要,又不能对后代人满足其需要的能力构成危害,也就是做到经济、社会、资源和环境保护的持续、协调发展。由此,社会主义和谐文化理念促进了和谐经济的发展,和谐经济为和谐文化建设提供了坚实的物质基础,也为和谐文化理念的倡导提供了广阔的领域和平台。

和谐政治是和谐文化建设的保障,是和谐文化理念在政治生活中的具体体现。政治的核心是公共权力,政治和谐不仅是政治权力系统内部的和谐,更重要的是政治权力主体与政治权力客体的和谐。因为政治是一个系统,系统的顺畅需要权力主体与权力客体之间的配合与协调。由此,"和谐政治应该是公共权力系统内部以及公共权力与其相关联的要素之间的协调并有序的关系"[1]。和谐政治是

---

① 孙永芬:《当前中国社会阶层政治心态与和谐政治的构建》,中国社会科学出版社 2011年版,第 8 页。

民主政治,它追求民主法治、公平正义,它充分保护和尊重公民的民主权利和自由权利;和谐政治是宽和有序的政治,是充满活力的政治,它追求深层次的稳定,就是说政治在和而不同状态下的稳定,不是表层的稳定,更不是缘于高压下的稳定,而是来自公民内心普遍认同的稳定。和谐政治要建立在人民群众根本利益一致性的基础之上,根本利益的一致是政治和谐的前提,而这也正是社会主义和谐文化理念所指的价值旨趣。文化从根本上讲是由特定的经济基础所决定的特定政治地位和政治关系的派生物,没有社会主义和谐政治的保障,社会主义和谐文化建设就不可能落到实处。同时,只有大力推进社会主义和谐文化建设,广泛倡导社会主义和谐文化理念,用体现社会主义和谐文化之要旨的社会主义核心价值观塑造中华民族的国格与中国人民的人格,用以社会主义核心价值体系构造的"精神家园"来皈依人民群众的精神、灵魂与信仰,才能凝聚强大的精神动力,推进社会主义和谐政治的完善、社会主义和谐经济的进步。

结　语

自党的十六届六中全会从政策层面明确提出社会主义和谐文化建设任务后,和谐文化研究迅速成为理论热点。对于和谐文化问题的思考和反思,直接来源于文化失序现象在现实文化领域的日渐凸显。回顾梳理国内学界关于和谐文化的研究,我认为还存在理论问题诸多有待明晰和深入的问题。

通过几年的学习和研究,在以上各章探究和分析的基础上,对社会主义和谐文化的基本问题,我有了以下几个方面的认识与思考。

第一,当代中国文化发展面临的复杂问题,促使我们在战略层面思考社会主义和谐文化的"文化定位"问题。我们确定社会主义和谐文化的方位应从和谐文化的历史方位、时代方位及价值方位多维度去思考。

从历史方位看,社会主义和谐文化建设要解决两个层面的问题:一是如何继承传统基础上的文化创新问题,即传统文化时代化的问题,小农文化如何转向现代化,促进人的现代化;二是处于文化核心地位的社会意识形态,如何从"革命文化"向"建设文化、发展文化"转型的问题,如何在现代化背景下发展社会主义文化的问题。

从时代方位来看,在全球化的时代背景下,社会主义和谐文化应当植入科学的理性的文化元素,社会主义和谐文化应当是以人为本的文化,是崇尚积极自由的文化,我们将以具有"中国内涵"的同时又是面向世界和面向未来的中国文化现代化的新形态——和谐文化,去赢得与中国综合国力相称的文化地位和文化尊严,提升国家文化软实力。

从价值方位上看,我们当下所要建设的社会主义和谐文化不仅是一种超越传统和谐文化抑或赋予传统和谐文化以现代崭新内容的文化,而且是一种能够有力批判矫治文化的非精神化世俗倾向、在物质主义时代展开文化精神的价值的新文化。这种新的和谐文化必须能够成为当代人的社会生活的精神家园,我们应该清醒地认识在文化基本价值方面所应承载的历史使命。

第二,从政策层面提出的社会主义和谐文化,只有经过学理上的深入研究,明确其内涵和精神实质,解决和谐文化"是什么"的问题,社会主义和谐文化建设才有依据和落点,和谐文化对和谐社会建设的引领、促进作用才有可能实现。

我认为,社会主义和谐文化实质是指基于多元文明共在的文化背景下,以追求多元文化和谐和繁荣,构建良好文化秩序为宗旨,重和谐、求发展的一种新的文化意向和文化世界观。结合对社会主义和谐文化的定位和其本质理解,我们可以从三个基本层面阐述社会主义和谐文化的内涵。

首先,社会主义和谐文化的内核是和谐理念和和谐精神。在宏观社会系统意义上,社会主义和谐文化作为一种理念,是"以和谐为思想内核和价值取向,以倡导、研究、阐释、传播、实施、奉行和谐理念为主要内容的文化形态、文化现象和文化性状。"

其次,从"范式转换"的层面看,社会主义和谐文化是一种文化新形态。这就要求我们要探究矛盾共同体各方在系统运行中的相互依赖、相互依存、互相促进的作用机制和规律,最大可能性地降低冲突,最大可能性地寻求共识,求共生和发展。探讨不同文化间"说什么——对谁说——怎样说"的柔性方式。

最后,社会主义和谐文化是文化系统要素的结构优化和有序化。和谐文化是不同文化对立面的统一,反映了不同文化组成的矛盾统一体在其发展中矛盾对立面所表现出的共识性、协调性和一致性。包含着不同文化间在关系上的均衡互制、各安其位。所以,《中共中央关于构建社会主义和谐社会若干重大问题的决定》中指出:"社会主义核心价值体系是建设和谐文化的根本。"这显然对和谐文化内部的主次有序、层级井然有清醒的主体意识和文化自觉。

第三,社会主义和谐文化不仅是中国特色社会主义文化的重要组成部分,而且集中地体现了中国特色社会主义文化建设的本质要求。社会主义和谐文化作为社会主义文化,是与以往任何形态文化具有原则分野的文化;作为中国特色社会主义文化,是与其他国家社会主义文化相区别的、具有鲜明的中国特色的社会主义文化;作为社会主义和谐文化,是与以往"绝对一元化"的社会主义文化相区别的、以和谐为最高价值理念的文化。因而,社会主义和谐文化不是某些学者视野中的完全"复古",更不是简单"西化",而是在汲取古今中外和谐思想智慧基础上中国共产党人多年探索的结晶,是以社会主义核心价值体系引领下的多样文化共同繁荣发展的文化。

最后,需要指出的是,文化研究广阔深邃,社会主义和谐文化内蕴丰富,虽在本研究中已尽己所能,但所做的研究只能说是一种文化研究的尝试,探索的印痕是十分明显的,还存在很大的拓展空间,纰漏与犹疑之处定然存在。因而,本书只能是新的研究的基础与发端,深深地希冀在学界同仁的关注下进一步完善它。

主要参考文献

一、著 作

《马克思恩格斯全集》第1—50卷,人民出版社1956—1985年版。

《马克思恩格斯选集》第1—4卷,人民出版社1995年版。

《马克思恩格斯文集》第1—10卷,人民出版社2009年版。

《毛泽东选集》,人民出版社1991年版。

《邓小平文选》,人民出版社1993、1994年版。

《习近平谈治国理政》,外文出版社2014年版。

《习近平谈治国理政》第2卷,外文出版社2017年版。

《习近平关于社会主义文化建设论述摘编》,中央文献出版社2017年版。

《习近平总书记重要讲话文章选编》,中央文献出版社、党建读物出版社2016年版。

李德顺:《价值论》,中国人民大学出版社2007年版。

张立文:《和合学》,中国人民大学出版社2006年版。

张岱年:《文化与价值》,新华出版社2004年版。

张岱年、程宜山:《中国文化与文化论争》,中国人民大学出版社1990年版。

张岱年、方克立主编:《中国文化概论》,北京师范大学出版社2004年版。

王伟光:《社会主义和谐社会理论基本问题》,人民出版社2007年版。

张世英:《哲学导论》,北京大学出版社 2002 年版。

胡海波、郭凤志:《马克思恩格斯文化观研究》,中国书籍出版社 2013 年版。

郭凤志:《德育文化论》,吉林人民出版社 2008 年版。

巴　湘:《和谐论》,世界知识出版社 2010 年版。

王少安、周玉清:《社会主义和谐文化建设论》,人民出版社 2010 年版。

王伦光:《和谐社会的价值追求研究》,人民出版社 2011 年版。

鄢本凤:《社会主义和谐文化建设研究》,人民出版社 2010 年版。

杨　倩:《和谐文化的溯源与辨析》,世界知识出版社 2011 年版。

王佐书:《中国文化战略与安全研究》,人民出版社 2007 年版。

杨信理:《科学发展观研究》,人民出版社 2007 年版。

黄志斌:《绿色和谐文化论》,中国社会科学出版社 2007 年版。

邵汉明:《中国文化研究二十年》(修订本),人民出版社 2006 年版。

李宗桂:《中国文化导论》,广东人民出版社 2002 年版。

邓伟志、胡申生:《和谐文化导论》,上海大学出版社 2007 年版。

李海彬:《中国文化的复兴之路》,学苑出版社 2008 年版。

韩　震:《社会主义核心价值体系研究》,人民出版社 2007 年版。

程祥国、詹世友:《荣辱观与和谐文化研究》,人民出版社 2008 年版。

顾海良、梅荣政:《马克思主义与现时代》,武汉大学出版社 2006 年版。

张小平、张建云:《和谐文化的理论与实践》,人民出版社 2007 年版。

何君陆、吉雯:《中华传统文化与和谐社会的构建》,中国经济出版社 2008 年版。

俞思念:《社会主义现代化与文化创新》,人民出版社 2006 年版。

严书翰:《构建社会主义和谐社会专题研究》,中共中央党校出版社 2008 年版。

周　惠:《论构建社会主义和谐社会》,社会科学文献出版社 2007 年版。

衣俊卿:《文化哲学》,云南人民出版社 2002 年版。

邓晓芒、赵林著:《西方哲学史》,高等教育出版社 2005 年版。

袁贵仁:《价值观的理论与实践》,北京师范大学出版社 2004 年版。

施维达、胡正鹏:《和谐文化建设论》,云南大学出版社 2008 年版。

黄楠森、龚书铎、陈先达:《有中国特色社会主义文化研究》,山东人民出版社 1999 年版。

吴向东:《重构现代性——当代社会主义价值观研究》(修订版),北京师范大学出版社 2009 年版。

张述元、张维祥:《人的全面发展在中国》,时事出版社 2009 年版。

俞吾金:《意识形态论》,上海人民出版社 1993 年版。

龚书铎:《社会变革与文化趋向——中国近代文化研究》,北京师范大学出版社 2005 年版。

陈胜云:《中国特色社会主义文化实践论》,上海三联书店 2009 年版。

李　燕:《文化释义》,人民出版社 1996 年版。

韩民青:《文化论》,广西人民出版社 1989 年版。

范俊军编:《联合国教科文组织关于保护语言与文化多样性文件汇编》,民族出版社 2006 年版。

李鹏程:《当代文化哲学的沉思》(修订版),人民出版社 2008 年版。

陈胜云:《文化哲学的当代发展》,江西人民出版社 2007 年版。

杨　奎:《和谐的历史、现实与马克思主义》,人民出版社 2008 年版。

俞思念主编:《社会主义文化建设的历史、实践与理论》,中国社会科学出版社 2008 年版。

郑永廷等:《社会主义意识形态发展研究》,人民出版社 2002 年版。

邹广文:《当代文化哲学》,人民出版社 2007 年版。

何君陆:《哲学维度下的和谐社会》,中国经济出版社 2007 年版。

[英]阿诺德·约瑟夫·汤因比:《历史研究》,曹未风等译,上海人民出版社 1997 年版。

[美]塞缪尔·亨廷顿:《文明的冲突与世界秩序和重建》(修订版),周琪等译,新华出版社 2010 年版。

[美]塞缪尔·亨廷顿、劳伦斯·哈里森主编:《文化的重要作用——价值观如何影响人类进步》,程克雄译,新华出版社 2010 年版。

[英]菲利普·史密斯:《文化理论导论》,张鲲译,商务印书馆 2008 年版。

[英]戴维·钱尼:《文化转向:当代文化史概览》,戴从容译,江苏人民出版社 2004 年版。

[加]D.保罗·谢弗:《文化引导未来》,许春山、朱邦俊译,社会科学文献出版社 2008 年版。

［日］青木保:《多文化世界》,唐先容、王元译,中国青年出版社 2008 年版。

二、论　文

李长春:《大力推进和谐文化建设繁荣发展社会主义文艺》,《求是》2006 年第 23 期。

刘云山:《建设和谐文化,巩固社会和谐的思想道德基础》,《人民日报》2006 年 11 月 25 日。

刘云山:《建设和谐文化的题中应有之义》,《人民日报》2006 年 10 月 24 日。

刘奇葆:《推动社会主义文化繁荣兴盛》,《人民日报》2017 年 11 月 13 日。

杨洁篪:《推动构建人类命运共同体》,《人民日报》2017 年 11 月 19 日。

李君如:《构建和谐社会需要培育和谐文化》,《光明日报》2006 年 7 月 24 日。

李德顺:《社会和谐与文化和谐》,《人民日报》2005 年 11 月 17 日。

袁贵仁:《建设先进的文化和价值观》,《学习时报》2001 年 12 月 24 日。

雷莹、白显良:《先进文化　和谐文化　文化和谐》,《光明日报》2006 年 5 月 16 日。

郭诏彬:《贯彻科学发展观为构建和谐社会提供理论支持文化支撑——"构建和谐社会建设和谐文化"理论研讨会综述》,《光明日报》2005 年 12 月 20 日。

王　伟:《和谐文化:"以人为本"的文化发展战略》,《光明日报》2006 年 1 月 10 日。

北京大学邓小平理论研究中心:《马克思主义文化理论的运用与发展》,《光明日报》2002 年 4 月 9 日。

孙家正:《和谐:文化建设的目标追求》,《理论参考》2007 年第 2 期。

费孝通:《对文化的历史性和社会性的思考》,《思想战线》2004 年第 2 期。

严昭柱:《建设和谐文化的战略意义》,《党建》2007 年第 3 期。

严昭柱:《先进文化:构建社会主义和谐社会的精神支撑》,《求是》2005 年第 8 期。

邹广文:《文化、文化本质与文化变迁》,《中共天津市委党校学报》2004 年第 4 期。

戚　序:《论建设社会主义和谐文化》,《理论学刊》2006 年第 3 期。

侯惠勤:《中国特色社会主义的价值基础》,《思想政治工作研究》2009 年第 8 期。

叶志坚:《马克思文化学思想探微》,《科学社会主义》2004 年第 5 期。

陈胜云:《马克思文化研究的唯物主义路径》,《上海行政学院学报》2007 年第 2 期。

郁建兴:《马克思主义文化理论与现时代》,《中国社会科学》2001 年第 6 期。

李　燕:《人的文化本体与人的自由与发展》,《山东师范大学学报》2006 年第 1 期。

俞吾金:《当代中国文化的内在冲突与出路》,《浙江大学学报》2007 年第 4 期。

方世南:《马克思关于人类文明多样性思想初探》,《马克思主义研究》2003 年第 4 期。

郑永廷、张彦:《当代精神文化价值研究》,《中山大学学报》2001 年第 3 期。

沈壮海:《社会主义和谐文化建设的若干思考》,《马克思主义研究》2007 年第 8 期。

陈先达:《论文化与文化的时代性和民族性》,《中国青年政治学院学报》2000 年第 1 期。

杨　谦:《社会的精神生产和文化发展》,《天津大学学报》2005 年第 1 期。

姚允柱:《文化发展规律的哲学诠释》,《马克思主义与现实》2006 年第 6 期。

刘　奔:《文化研究中的哲学历史观问题》,《思想战线》2007 年第 2 期。

张耀灿:《中国传统和谐文化的当代价值》,《理论参考》2007 年第

2 期。

薛潞燕、杜为:《和谐文化的内涵探析》,《经济与社会发展》2006 年第 1 期。

秦文志:《试论和谐文化建设在构建和谐社会中的地位和作用》,《攀登》2006 年第 1 期。

贾明建:《关于当代和谐文化建设的若干思考》,《中共中央党校学报》2012 年第 6 期。

田秋月:《论建设和谐文化的基本原则》,《云南民族大学学报》2008 年第 4 期。

刘先春、叶茂泉:《建设和谐文化要处理好六个关系》,《理论探索》2007 年第 1 期。

曹茂春:《建设和谐文化必须正确处理三对关系》,《前沿》2009 年第 7 期。

董德福、程宸:《社会主义和谐文化建设的路径依赖》,《江苏大学学报》2008 年第 1 期。

后　记

　　这本书的原稿是我的博士论文,成稿于 2013 年。从当初研究选题开始到论文写作结束直至现在,已经经历了不短的时间。这期间,我们党在中国特色社会主义文化理论创新方面不断推出新成果,在文化建设及实践创新方面不断取得新成就。在全面推进新时代中国特色社会主义文化建设的今天,我将尘封数载的书稿重新摆到案头,作了进一步修改完善,以期对社会主义和谐文化这一课题再度思考和探讨。我想,在建设中国特色社会主义文化强国的征程上,需要坚定文化自信,进一步厘清社会主义和谐文化的本质和内涵,进一步明确在和谐文化建设中"以谁主导的和谐"问题,牢牢掌握思想文化建设领域中意识形态工作领导权,"坚持为人民服务、为社会主义服务,坚持百花齐放、百家争鸣,坚持创造性转化、创新性发展,不断铸就中华文化新辉煌",全面推进新时代中国特色社会主义文化繁荣兴盛。

　　在本书的写作过程中,我的导师郭凤志教授给予了悉心指导,我的同学胡海波博士给予了大力帮助,在此向他们表示万分谢意!在本书的出版过程中,我的同事姜威博士和责任编辑给予了许多帮助,在此一并表示衷心的感谢。

    此刻,面对即将付梓的书稿,我的内心既高兴又忐忑。高兴之缘由自不必讲,忐忑的是,自己深知在水平很有限的时候,斗胆研究这样一个宏大的主题,因而肯定会存在诸多方面不足之处。故此,恳请方家予以批评指正。我将继续努力,不断提升自己的学术研究水平。

杨宝忠

2018 年 1 月

责任编辑:崔继新

版式设计:东昌文化

封面设计:徐　晖

图书在版编目(CIP)数据

社会主义和谐文化研究/杨宝忠 著. —北京:人民出版社,2018.11

ISBN 978－7－01－020022－4

Ⅰ.①社…　Ⅱ.①杨…　Ⅲ.①社会主义-文化事业-建设-研究-中国

Ⅳ.①G12

中国版本图书馆 CIP 数据核字(2018)第 252311 号

社会主义和谐文化研究

SHEHUIZHUYI HEXIE WENHUA YANJIU

杨宝忠　著

人民出版社 出版发行

(100706　北京市东城区隆福寺街 99 号)

北京盛通印刷股份有限公司印刷　新华书店经销

2018 年 11 月第 1 版　2018 年 11 月北京第 1 次印刷

开本:710 毫米×1000 毫米 1/16　印张:14

字数:156 千字

ISBN 978－7－01－020022－4　定价:48.00 元

邮购地址 100706　北京市东城区隆福寺街 99 号

人民东方图书销售中心　电话 (010)65250042　65289539